It's DELICIOUS

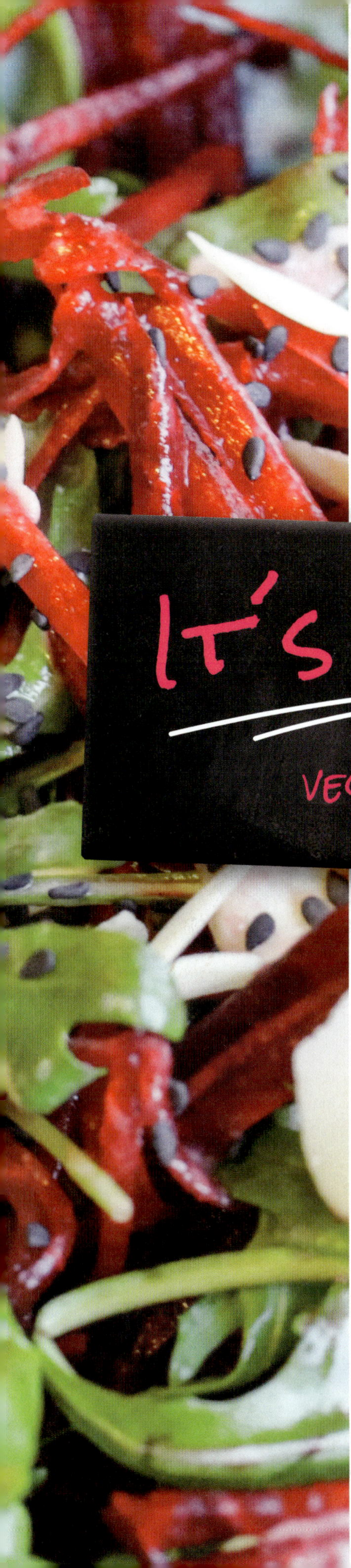

Martina Lukes

It's DELICIOUS

happy eating & clean food

VEGAN | ROH | LEBENDIG

INHALT

Essen, das schmeckt und Spaß macht 6
Bewusst vegan 8
Clean Eating 10
Fit und energiegeladen 12
Gesund durch den Alltag 18

REZEPTE

Frühstück 20
Salate 32
Suppen 56
Hauptgerichte 68
Pizza 100
Desserts 110
Snacks 134
Drinks & Smoothies 142

ANHANG

Meine Inspiration, meine
kreative Küche, mein Lokal 152
Meine Empfehlungen 154
Rezepte im Überblick 156

ESSEN, DAS SCHMECKT UND SPASS MACHT

Reines, veganes Essen ist für mich pure Leidenschaft und höchster Genuss – einfach faszinierend! Es spendet sehr viel Energie und macht glücklich – sowohl beim Einkaufen und bei der Zubereitung als natürlich auch beim Genießen. Es ist mir persönlich sehr wichtig, zu wissen, wo meine Zutaten herkommen, und dass die Lebensmittel unverarbeitet sind, also ohne chemische Zusatzstoffe (= Clean Eating, siehe auch Seite 10). Denn Mutter Natur hat uns kostbare Schätze geschenkt, die fabelhaft schmecken – es wäre viel zu schade, ihnen ihren natürlichen Geschmack zu nehmen.

Vegane, glutenfreie Ernährung und „Clean Eating" boomen, denn den Menschen wird es immer wichtiger, zu wissen, was in ihrem Essen steckt, und sie gehen bewusster und aufmerksamer einkaufen. Die Zeitungen sind voll von Artikeln über veganen Lifestyle, den Trend zu Rohkost und zu reinem Essen. Unverarbeitete Lebensmittel und vegane Ernährung sind das Essen der Zukunft! Denn wer anfängt, auf raffinierte und tierische Lebensmittel zu verzichten, dessen Geschmack wird immer feiner. Wer an Geschmacksverstärker und Unmengen an Chemie, die im herkömmlichen Essen stecken, gewöhnt ist, wird die Natur nie so richtig genießen können.

Und wie großartig schmeckt etwa ein „Rawmisu", ein Rohkosttiramisu aus Cashewnüssen, Mandeln, Datteln und rohem Kakao (Rezept auf Seite 121)? Dieses unglaublich tolle und schnell zubereitete Dessert dann mit Kuhmilch, Alkohol, raffiniertem Zucker, E-Zusatzstoffen, künstlichen Aromen usw. zerstören? Oh nein, das tue ich meinem Körper und meinem Geist nicht mehr an! Ich bevorzuge sauberes Essen! Vegane, glutenfreie Speisen und vegane Rohkost, wenn möglich ohne Salz, zu viel Öl oder Zucker, kombiniert mit Superfoods, die einen hohen Vitalstoffanteil haben, Smoothies und klarem Wasser – das ist für mich die einzig richtige Ernährung, die ich mit meinen Rezepten auch Ihnen schmackhaft machen möchte.

Willkommen!

MARTINA LUKES

Alle meine Rezepte sind **vegan**, 100 % **biologisch** und **glutenfrei**.

Rohkostrezepte sind stets mit RAW gekennzeichnet.

BEWUSST VEGAN

Für die Befriedigung des schnellen Hungers wird es uns fast an jeder Ecke leicht gemacht, uns mit ungesunder Fertignahrung für relativ wenig Geld vollzustopfen. Sie enthält Stärke wie Weizen oder Vollkorn, weißen Zucker, billige Fette wie Raps- oder Sonnenblumenöl, Haltbarkeitszusätze, E-Nummern und vieles mehr, von dem man nie gedacht hätte, dass es auch in eigentlich vegetarischen oder sogar veganen Produkten enthalten wäre. So werden zum Beispiel als Zusatz zu Brot und Gebäck verarbeitete Schweineborsten hinzugefügt, um diese fluffiger zu machen. Weißmehl wird chemisch gebleicht, in Kartoffelchips kann Schweineblut verarbeitet sein.

Bedenkt man, wie viel Fleisch, Wurst, Milchprodukte und Fisch täglich gegessen werden und wie viele Antibiotika, Schwermetalle etc. darin nachgewiesen werden, dann läuft es mir kalt über den Rücken. Wenn ich aufmerksam beobachte, was und wo die Menschen kaufen, dann wundert es mich nicht, wie weit Zivilisationskrankheiten wie Diabetes, Herzinfarkte, Krebs, Allergien und Osteoporose in unserer Gesellschaft verbreitet sind und dass es die Hauptbeschäftigung vieler älterer Menschen ist, sich zu fragen, wie viele Tabletten sie zu sich nehmen müssen.

„Die Menschen gehen lieber zugrunde, als dass sie ihre Gewohnheiten ändern", hat Leo Tolstoi einmal gemeint – dennoch soll dieses Buch eine Aufforderung sein, genau das zu tun (so Sie nicht bereits überzeugte Veganerin, überzeugter Veganer auf der Suche nach neuen Rezepten sind). Essen soll Spaß machen, genussvoll sein und viel Energie spenden. Es kommt immer auf die Motivation für gesunde Ernährung an. Geht es darum, schlanker zu werden oder grundsätzlich gesünder zu essen? Möchten Sie die Ausbeutungsindustrie bewusst nicht mehr unterstützen und mit Ihrem Lifestyle gleichzeitig ein Statement setzen? Oder wollen Sie fitter für den Alltag und klarer im Kopf sein, mehr positive Energie haben?

Dann ist eine vegane Ernährung mit reinen und unverarbeiteten Lebensmittel genau das Richtige für Sie. Wer sich mit den tollen Produkten im Bioladen auseinandersetzt, sich durchkostet, die unterschiedlichsten Rezepte ausprobiert und nicht zu Fertigprodukten greift, kommt sicher auf den Geschmack. Sie werden sehen, wie leicht es geht und wie gut veganes Essen und Rohkostgerichte schmecken können!

Ich selbst bin seit dem Frühling 2012 aus ethischen Gründen Veganerin und habe mich intensiv mit der Vielfalt an biologischen, gesunden und köstlichen Lebensmitteln auseinandergesetzt. Zuvor hatte ich mich wirklich einseitig ernährt, Essen spielte kaum eine Rolle, ich war nie besonders gut informiert: Mein Horizont reichte bis zum Supermarktregal und nicht weiter. Die Wende kam für mich mit einem Video über Schlachtungen und Tierversuche. Ich wurde sofort Veganerin und stellte innerhalb eines Monats mein Essverhalten um. Zuvor hatte ich bereits aufgehört zu rauchen und Alkohol zu trinken, weil ich stärker sein wollte als diese ungesunden Gewohnheiten. Ich kaufte mir das erste kleine Kochbuch mit veganen Speisen und nachdem ich bemerkt hatte, wie leicht die Zubereitung geht, wie gut das Essen schmeckt und wie toll diese neuen Zutaten sind, begann für mich die pure Leidenschaft für vegane Küche und „Clean Food". Ich spürte sofort den gesundheitlichen Bonus, den ich quasi als Geschenk dafür bekam, und fühlte mich viel leichter, fitter und positiver. Meine Leistungsfähigkeit stieg, ich wurde aktiver und motivierter. Deswegen lebe ich „vegan straight edge". Das bedeutet, ich lebe vegan (Ernährung, Kleidung, Kosmetik, Bettwäsche usw.), trinke keinen Alkohol, rauche nicht, nehme keine Medikamente oder Chemie zu mir und versuche bewusst, tierische und chemische Produkte zu vermeiden. Das gilt natürlich besonders für mein Bistro „Delicious" beim Wiener Naschmarkt (siehe Seite 152).

CLEAN EATING

„Clean Eating" bedeutet, bei der Ernährung ganz auf nicht industriell verarbeitete Nahrungsmittel ohne chemische Zusätze zu setzen. Pionierin dieses immer größer werdenden Trends, der in den USA und Australien längst angekommen ist, ist die Ernährungsberaterin Tosca Reno. Sie meint, dass die Ernährung zu 80 Prozent das ausmache, wie wir uns letztendlich fühlen. Es geht dabei jedoch nicht um Angst vor Gewichtszunahme oder Kalorienzählen, sondern vielmehr darum, dem Körper ganz bewusst „reine, saubere" Nahrung zuzuführen.

„Clean Eater" lehnen daher auch abgepackte Lebensmittel in Plastik ab und bevorzugen stets frische Produkte. Das kann ich gut nachvollziehen, da ich – wie vielleicht auch Sie – den Film „Plastic Planet" (2009) gesehen habe. Leider verpacken jedoch nach wie vor fast alle Bioproduzenten ihre Lebensmittel in Plastik – und es fällt daher auch mir nicht leicht, solche Verpackungen beim Einkaufen zu vermeiden (siehe auch Seite 19).

Einige Grundregeln des Clean Eating möchte ich hier kurz vorstellen. Ihnen folgen meine Rezepte, sklavisch an sie halten möchte ich mich dennoch nicht. In diesem Sinne empfehle ich auch Ihnen, Ihrer Lust, Ihrem Appetit und Ihrem Hunger zu folgen.

Viele kleinere Mahlzeiten am Tag

Tosca Reno rät zu kleinen Zwischenmahlzeiten neben Frühstück, Mittag- und Abendessen. Wie Sie damit gesund durch den Alltag kommen, lesen Sie ab Seite 18.

Immer frühstücken

Ich liebe ein gutes Frühstück und nehme mir dafür auch Zeit, wenn ich es eilig habe. Da der Körper in der Nacht unsere Energiereserven aufbraucht, sollten diese beim Frühstück aufgefüllt werden, um unsere Leistungsfähigkeit und das Immunsystem zu stärken (siehe Rezepte ab Seite 20).

Beim Salzen sparen

Industriell verarbeitete gewöhnliche Salze meide ich. Ich verwende lieber natürliches Kristall- oder Meersalz. Mein Favorit ist seit über zehn Jahren das rosa Himalayasalz.

Zucker sparen, Süssstoffe meiden

Ich süße am liebsten mit Datteln oder getrockneten Früchten, denn in vielen Süßstoffen ist Aspartam enthalten. Zahlreiche weitere Zuckeralternativen finden Sie auf Seite 19.

Chemische Zusätze meiden

Hände weg von Lebensmitteln mit chemischen Zusätzen! Wenn Sie die Verpackung vieler konventioneller Produkte umdrehen, sehen Sie rasch, wie viele chemische Zutaten in einem Produkt enthalten sein können (siehe auch Seite 19).

Mehr ungesättigte Fettsäuren

Diese Fette sind für den Stoffwechsel wichtig und stecken in Leinöl, Nüssen, Avocados, Tofu oder nativem Olivenöl (siehe Seite 17). Für mich koche ich meistens ohne Öl, selten verwende ich ein bisschen davon für den Salat oder zum Braten. Viele meiner Rezepte kommen komplett ohne Öl aus.

Kein Alkohol – lieber Wasser oder frische Säfte

Da ich seit 2009 keinen Alkohol mehr trinke, kann ich nur aus eigener Erfahrung sagen, dass es mir sowohl geistig als auch körperlich ohne ihn viel besser geht. Ich liebe stilles Wasser oder frisch gepresste Säfte. Smoothies und Weizengrassaft sind zudem wahre Energiebomben (siehe Rezepte ab Seite 142).

LOW-CARB UND GLUTENFREIE ERNÄHRUNG

Ziel der „Low-Carb-Ernährung" ist es grundsätzlich, die Aufnahme von Kohlenhydraten zu minimieren (zum Beispiel auch, wenn man abnehmen möchte). Sie kennen sicher das Gefühl, dass Sie nach einer Portion Hartweizengrießnudeln, Vollkornbrot oder zum Beispiel Pizza mit Weizenmehl rasch müde und träge werden. Deshalb verwende ich für meine Rezepte vor allem Kohlenhydrate, die Energie spenden und eben nicht schlapp machen – wie zum Beispiel Datteln oder Bananen.

LEBENSMITTEL, DIE ENERGIE SPENDEN

Artischocken, Avocados, Bambussprossen, Brokkoli, Buchweizen, grüne Blattsalate, Grüne Bohnen, Hokkaidokürbis, Ingwer, Karfiol, Kelpnudeln, Knoblauch, Kohl, Konjaknudeln, Kräuter, Lupinenprodukte (wie Mehl, Fleischersatz, Nudeln, Joghurts, Frischkäse, Milch, Kaffee), Nüsse, Oliven, Pak Choi, Pilze, Rhabarber, Rotkohl, Sanddorn, Sauerkraut, Kraut, Sesam, Sesampaste (Tahini), Soja (wie Quinoa und Lupinen eine der stärksten pflanzlichen Eiweißquellen), Spargel, Sprossen, Tofu, Yams u. v. m.

PFLANZLICHE LEBENSMITTEL MIT EINEM HOHEN ANTEIL AN KOHLENHYDRATEN

Bananen, Bohnen, Datteln, Erbsen, Getreide (wie Weizen und Vollkorn), Karotten, Kartoffeln, Linsen, Mais, Rote Rüben, Süßkartoffeln

PSEUDOGETREIDE ALS ENERGIESPENDER

Pseudogetreide sind Körner aus Pflanzen, die nicht zu den echten Getreidearten, also nicht zu den Süßgräsern gehören. Sie zeichnen sich durch ihren hohen Anteil an Proteinen, Ballaststoffen und Mineralien aus und verursachen im Gegensatz zu „echten" Getreidesorten keine Allergien, Darm- und Verdauungsprobleme. Pseudogetreide sind außerdem **glutenfrei** (etwa im Gegensatz zu Dinkel, Einkorn, Roggen, Weizen oder Kamut, die einen hohen Glutenanteil haben). Man fühlt sich nach dem Essen leicht und beschwingt statt müde, schlapp und „angegessen".

Glutenfreies Brot kann man mit verschiedenen Mehlen aus Pseudogetreide backen. Am besten nimmt man immer zur Hälfte oder zumindest einem Drittel der gesamten Mehlmasse Kartoffel,- Maniok-, Johannisbrot- oder Tapiokamehl (und dazu zum Beispiel Buchweizen- oder Hirsemehl). Diese Mehle ersetzen nämlich ideal das Klebereiweiß und binden den Teig, sodass er nicht bröckelt. Reismehl bindet auch sehr gut und hält wie Kartoffelmehl das Brot zusammen. Einen Teelöffel Agar Agar kann man auch immer dazugeben. Am besten ist es, einfach auszuprobieren, wie der Teig gelingt (siehe Rezepte Seite 23 und 24)!

PSEUDOGETREIDE

Amaranth, helles oder dunkles Buchweizen (mehl), Hanfsamen, Hanf(mehl), Hirse, Braunhirse, Johannisbrotkern(mehl), Kartoffel(mehl), Kastanien(mehl), Kuzu(mehl), Mais(mehl), Maniok(mehl), Quinoa(mehl), weißer oder brauner Reis, Soja(mehl), Süßlupinen- oder Lupinen(mehl), Tapioka(mehl), Teff(mehl), Wildreis(mehl)

WEITERE BINDEMITTEL

Agar Agar (aus Algen und Seetang hergestellt, reich an Proteinen), gemahlene Chiasamen (siehe Tipp Seite 123), Flohsamenschalen, Guarkernmehl (aus der Guarpflanze, siehe zum Beispiel Pizzarezept Seite 104), Johannisbrotmehl, gemahlene Leinsamen, Pektin, Pfeilwurzelmehl

Mein Tipp

Mit einer Mühle können die Samen auch selbst zu Mehl gemahlen werden. Getreidemühlen gibts zum Beispiel in Biosupermärkten zu kaufen.

13

PFLANZLICHE ENERGIE- UND NÄHRSTOFFQUELLEN

> **EISEN:** Brokkoli, Kohl, Petersilie, Kelpalgen, Dille, Pak Choi, Sonnenblumenkerne, Kürbiskerne, Basilikum, Thymian, Sesam, Spinat, Mangold, grüne Blattsalate, Löwenzahn, Amaranth, Quinoa, Hirse, Soja, Tofu, Linsen, Bohnen, Mungobohnen, Mandeln, Leinsamen, Vollkornprodukte, Fenchel, Trockenfrüchte, Brennnessel

> **KALZIUM:** Rucola, Sesam, Soja, Brokkoli, Kohl, Nüsse, Tofu, Oliven, Hafermilch, Mandelmilch, Fenchel, Lauch, Pak Choi, Bohnen, Kohlrabi, Petersilie, Lauch, Sauerkraut, Schnittlauch, Leinsamen, Mohn

> **MAGNESIUM:** Äpfel, Spinat, Kürbiskerne, Rote Rüben, Orangen, Buchweizen, Bananen, roher Kakao, Feigen, Gurken, Kohl, Mangold, grüne Blattsalate, Amaranth, Quinoa, Dinkel, Hafer, Gerste, Mohn, Sonnenblumenkerne, Heidelbeeren, Avocados

> **PROTEINE:** Lupinen- oder Süßlupinenmehl, Hanfsamen, Hanfmehl, Quinoa, Soja, Hülsenfrüchte (Erbsen, Bohnen, Kichererbsen, Linsen), grünes Gemüse (Kohl, Spinat, Brokkoli, Brunnenkresse), Kartoffeln, Rote Rüben, Erdbeeren, Orangen, Honigmelone, Pfirsiche, Papayas, Kürbiskerne, Erdnüsse, Cashewnüsse, Sesam, Mandeln, Haselnüsse, Walnüsse, Sonnenblumenkerne, Süßkartoffeln, Buchweizen, Wildreis

> **VITAMIN B12:** Chlorella-Algen, Tempeh, Hefeflocken, Hefe, Spirulina, Afa-Algen, Sauerkraut

> **VITAMIN D:** Spinat, Kohl, Pilze, Hefe, Avocados, Brunnenkresse, Brennnessel, Champignons, Steinpilze

> **ZINK:** Soja, Tofu, Nüsse, Spirulina, Sesam, Kakao, Hefe, Mohn, Buchweizen, Hirse, Kürbiskerne, grünes Blattgemüse

Meine Superfoods

Als Superfoods werden natürliche Nahrungsmittel bezeichnet, die einen hohen und konzentrierten Anteil an wertvollen Inhaltsstoffen besitzen. Viele von ihnen haben einen hohen Gehalt an Vitaminen, Mineralien, Proteinen, Enzymen, Aminosäuren und Antioxidantien. Sie sind somit Vital-Booster, die für besondere Energie und Lebenskraft sorgen. Sie können heilen und wirken vorbeugend, stehen also für beste Gesundheit und Wohlbefinden.

> Die **AVOCADO**, ursprünglich aus Mexiko stammend, wird heute in vielen tropischen Gebieten Südamerikas und der Karibik sowie in Südafrika, Israel, Neuseeland, Kalifornien, Australien oder Südspanien angebaut. Sie ist reich an Vitamin A und E, Betacarotin, Biotin, Kalzium, Kalium, Eisen, Magnesium und ungesättigten Fettsäuren.

> **CHIASAMEN** (siehe Foto) haben einen hohen Gehalt an Omega-3- und Omega-6-Fettsäuren, Antioxidantien, Eisen und fünfmal mehr Kalzium als Kuhmilch. Außerdem sind sie reich an Proteinen, Zink, Kupfer, Phosphor, Riboflavin und Vitamin A.

> **CHILISCHOTEN** stammen ursprünglich aus Nord- und Südamerika und wachsen mittlerweile fast überall (auch als Zimmerpflanzen). Sie enthalten viel Vitamin C, B1, B2, B6, Betacarotin und Mineralstoffe wie Magnesium, Kalzium, Kalium und Zink. Chilis sollen eine hohe Heilwirkung gegen Rheuma, Hexenschuss, Muskelschwäche, Gelenkschmerzen oder auch Verdauungsschwäche haben, antibakteriell wirken und durch ihren hohen Anteil an Antioxidantien vor freien Radikalen schützen.

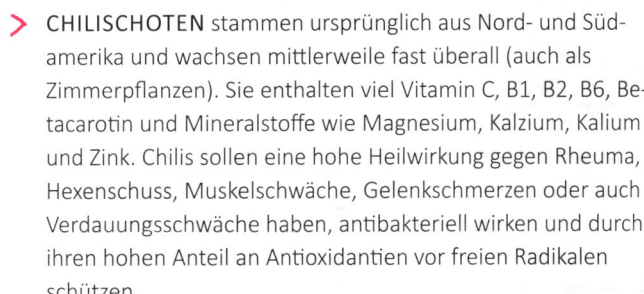

> **DATTELN** wachsen auf der Dattelpalme vor allem in Ägypten, im Iran und in Saudi-Arabien. Datteln sind reich an Kalium, Eisen und Zink, Vitamin B3, B5, E sowie Aminosäuren. Sie gelten als beliebtes pflanzliches Süßungsmittel und weisen einen hohen Anteil an natürlichem Trauben- und Fruchtzucker sowie pflanzlichem Eiweiß auf.

> **GERSTEN- UND WEIZENGRAS** sind reich an Chlorophyll. Gerstengras gibt es auch als Pulver zu kaufen, am besten baut man jedoch Weizengras selbst zu Hause an (siehe Tipp Seite 148).

> Der **GRANATAPFEL** kommt aus Marokko, Israel, Tunesien, Spanien und Italien. Durch den hohen Anteil an Antioxidantien schützt er vor freien Radikalen und gilt als absolute Vitalstoffbombe. Er ist reich an essenziellen Aminosäuren, sekundären Pflanzenstoffen und eines der ältesten Heilmittel.

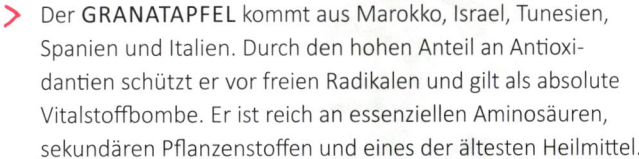

> **HANF** ist wie Gersten- und Weizengras reich an Chlorophyll (siehe Tipp Seite 148), das unseren roten Blutkörperchen ähnelt, Vitamin B2, das für den Muskelaufbau wichtig ist, sowie Antioxidantien und Aminosäuren. Hanf ist eine gesunde pflanzliche Eiweißquelle und wird daher von veganen Athleten und Bodybuildern als Nahrungsergänzung verwendet. Es gibt ihn verarbeitet u. a. als Hanfpulver, Hanfsamen (siehe Foto) und Hanföl. **Meine Empfehlung:** Für Smoothies verwenden!

> **HEIDELBEEREN** (Blaubeeeren) wachsen in den Wäldern Europas bis hinauf ins Gebirge. Auch im eigenen Garten können sie angebaut werden. Die Beeren sollen das Herzinfarktrisiko senken, indem ihre Wirkstoffe die Blutgefäße erweitern. Sie haben einen hohen Gehalt an Flavonoiden, Kalium, Vitamin C und E.

> **INGWER:** Die Wurzel kommt aus China, Indien, Vietnam, Japan, Australien und Südamerika und besitzt viel Vitamin C, B und Folsäure. Bei Erkältungen wirkt ein kleines Stück Ingwerwurzel in heißem Wasser gemeinsam mit dem Saft einer Zitrone heilend und unterstützt das Immunsystem. Beim Kochen sorgt Ingwer für geschmackliche Abwechslung.

> **ROHER KAKAO** hat eine starke antioxidative Wirkung und wird daher in der Kosmetik gerne als Nährstoffbombe für die Haut verwendet. Er kommt aus Peru und Ecuador. Aus Kakaobohnen werden alle möglichen Arten von Schokolade hergestellt. Roher Kakao hat einen hohen Anteil an Mineralstoffen wie Magnesium, Eisen und Zink sowie an Vitamin C und Omega-6-Fettsäuren. Er hebt den Serotoninspiegel, fördert das Wohlbefinden und kann aufputschend wirken.

> **KOKOSNUSSÖL** wird aus der Kokosnuss der Kokospalme gewonnen und hat eine Vielfalt an heilenden Eigenschaften, zum Beispiel gegen Pilze, Parasiten und Bakterien. Es soll sich positiv auf den Cholesterinspiegel und entzündungshemmend auswirken.

> **LEINÖL** wird aus den Leinsamen hergestellt und ist einer der hochwertigsten Omega-3-Fettsäuren-Lieferanten (beinhaltet ein Vielfaches mehr davon als Fisch). Leinöl soll sich positiv auf unser Gehirn auswirken, bei Bluthochdruck, Nierenerkrankungen und Hautkrankheiten helfen und den Blutzuckerspiegel senken.

> **MACA:** Die Maca-Pflanze wächst in den peruanischen Anden, ihre Wurzel gilt als Heil- und Wundermittel. Maca wird als Pulver angeboten, soll die Leistungsfähigkeit steigern und bei psychischen Belastungen schützen, wird gerne von Sportlern verwendet und wirkt sich positiv auf unseren Allgemeinzustand aus.

> Die **MACADAMIANUSS**, die Königin der Nüsse, kommt vorwiegend aus Australien, Hawaii, Neuseeland und Kalifornien. Die Nüsse haben einen hohen Anteil an Kalzium, Kalium, Phosphor, Magnesium, Eisen und Vitamin B sowie E.

> **OLIVENÖL** wird in der Ölmühle durch Pressen der ganzen Oliven inklusive Kerne hergestellt. Olivenbäume wachsen etwa in Italien, Spanien und Griechenland. Kalt gepresstes Öl ist im Gegensatz zu raffinierten Ölen rein natürlich und enthält viele einfach ungesättigte Fettsäuren. Die darin enthaltenen Polyphenole helfen bei der Heilung von Entzündungen. Olivenöl hat auch einen hohen Anteil an Vitamin E und Antioxidantien.

> **PAPAYA:** Diese wahre Wunderfrucht kommt aus Mexiko und wächst auf dem Melonenbaum, auch Papayabaum genannt. Die vielen Nährstoffe im Fruchtfleisch und in den Kernen sollen verschiedene Heilungsprozesse unterstützen (etwa bei Rheuma, Verdauungsbeschwerden, Magen-Darm-Problemen, Entzündungen). Papayas stärken das Immunsystem und senken den Cholesterinspiegel. Sie sind reich an Vitamin A, B, C und E sowie Folsäure, Mineralien und Antioxidantien, die vor freien Radikalen schützen.

> **KELPALGE:** Es gibt ca. 30 verschiedene Arten der Braunalge, die vorwiegend in Küstenregionen des Nordpazifik wächst. Die Algen sind reich an natürlichem Jod, Mineralien und Spurenelementen. Sie kräftigen Haare und Fingernägel, stärken das Immunsystem, sollen Heilungen bei Infektionen unterstützen und entgiftend wirken.

> **STEVIA** (auch Süßkraut genannt) kommt vorwiegend aus Südamerika und wird aus den Blättern der Steviapflanze (siehe Foto) gewonnen. Stevia hat eine ca. 400-fach höhere Süßkraft als Zucker, ist nahezu kalorienfrei und greift die Zähne im Gegensatz zu herkömmlichem Zucker nicht an. Es hat einen eigenen Geschmack, weshalb die Pflanze meist industriell verarbeitet und in den verschiedensten Produktvarianten verkauft wird. Naturbelassen kann man Stevia einfach trocknen lassen und zu einem Pulver vermahlen oder die frischen Blätter verwenden.

Weitere bekannte Superfoods

Acai-Beere, Acerola, AFA-Alge, Aloe Vera, Bockshornklee, Camu-Camu-Frucht, Chlorella, Cranberry, Erdmandel (Tigernuss), Ginseng, Goji-Beere, Kiefernrinde, Lucuma, Mangostan, Moringa, Noni, Sango-Meereskoralle, Schisandra, Spirulina, Yacon, Yamswurzel, Zimt, Zistrose u. v. m.

GESUND DURCH DEN ALLTAG

> **AM MORGEN** trinke ich auf den nüchternen Magen ein Glas warmes Wasser mit frisch gepresstem Zitronensaft. Manchmal gebe ich frischen Ingwer und/oder frisches Kurkuma dazu. Diese Mischung schwemmt Giftstoffe aus, füllt meinen Wasserspeicher auf und liefert wertvolle Vitalstoffe. Dazu trinke ich Lupinenkaffee. Dieser Kaffee tut mir gut! Er schmeckt und riecht ähnlich wie Bohnenkaffe, nur viel weicher und süßer, enthält aber kein Koffein. Dazu passt eine große Auswahl an Mandel-, Hafer-, Reis-, Kokos-, Haselnuss-, Sojamilch usw.

Ich frühstücke liebend gerne. Eines meiner Lieblingsgerichte ist selbst gemachtes Schokomousse mit frischen Früchten, gekeimtem Buchweizen und Superfoods (siehe Rezept Seite 26). Das ist wirklich Powernahrung und bringt am Morgen den richtigen Kick, den ich als Start für einen guten Tag brauche. Wenn wenig Zeit bleibt, esse ich 100 bis 150 Gramm Cashewnüsse und drei Bananen oder anderes Obst. Das sättigt und macht ebenfalls fit.

> **ZU MITTAG** mache ich mir einen großen Salat (siehe Rezepte ab Seite 32). Ich bevorzuge es, tagsüber kalte Speisen, Rohkostgerichte oder evtl. eine Suppe zu essen – und am Abend eine warme Mahlzeit (selbstverständlich glutenfrei und vegan). Das gibt mir auch ein gutes Gefühl! Damit ich länger satt bleibe, gebe ich gerne glutenfreies Getreide in den Salat, wie zum Beispiel schwarze oder weiße Quinoa oder gekeimten Buchweizen.

> Als **SNACK ZWISCHENDURCH** esse ich zum Beispiel getrocknete Tomaten mit einer Avocado, getrocknete Früchte mit Cashewnüssen oder meine selbst gemachten Cracker mit Gemüse oder Obst (siehe Rezepte ab Seite 134). Auch eine leckere Früchte- oder Schokocreme mit Früchten, Kokosflocken und Superfoods schmeckt immer. Es gibt – nicht zuletzt im Bioladen – viele vegane Snacks, die gut zusammenpassen, Energie spenden, satt und glücklich machen (zum Beispiel Rohkostsnacks, glutenfreies gepufftes Brot, vegane Aufstriche, Samen, Kerne, Powerriegel u. v. m.).

> **AM ABEND** gibts dann was feines Warmes, wie zum Beispiel Süßkartoffel-Buchweizennudeln oder Dal (siehe Rezepte ab Seite 68), und danach ein leckerer Dessert oder ein Stück Schokolade aus dem Bioladen (siehe Rezepte ab Seite 110). Noch besser natürlich, wenn man seine eigene Schokolade herstellt, zum Beispiel mit Datteln gesüßt, aber ein bisschen Zucker darf ab und zu auch sein.

MEIN TIPP

Wohl jedem ist klar, dass **ausreichend Bewegung** essenziell ist, um sich wohlzufühlen, Stress abzubauen, seinem Körper Gutes zu tun und auf klare Gedanken zu kommen. Daher kann ich Ihnen nur empfehlen, einem Sport nachzugehen, der zu Ihnen passt und nicht zu anstrengend ist, damit Sie sich dabei vom Alltag erholen.

EINKAUFEN

Es macht mir viel Spaß, bewusst einzukaufen und mich täglich durch unglaublich frische, moderne und gesunde neue Produkte zu schlemmen. Beim Einkaufen im Bioladen merkt man rasch, wie viel Chemie die meisten Produkte in konventionellen Supermärkten enthalten. Das kommt für mich nicht mehr infrage!

Für mich ist es daher besonders wichtig, beim Einkaufen auf die Zusammensetzung der Produkte zu achten. Das bedeutet, gezielt die Verpackung umzudrehen und aufmerksam zu lesen, was in dem Lebensmittel eigentlich enthalten ist. Im Gegensatz zu herkömmlichen Lebensmitteln enthalten jene im Bioladen keine E-Zusatzstoffe oder andere Chemikalien, es werden keine Pestizide etc. verwendet. Alle Zutaten, die ich verwende, sind daher „bio" – und bewusst ausgewählt. Es gibt inzwischen ein großes Angebot an biologischen und veganen Produkten in konventionellen Supermärkten, etwa auch vegane Fertignahrung sowie Fleisch-, Wurst- und Käsealternativen (siehe unten). Vielleicht erleichtern Ihnen diese Produkte den Umstieg auf vegane Ernährung. Ein erster Schritt in Richtung Clean Eating!

Mittlerweile gibt es viele **Anbieter von Lebensmitteln für die vegane Küche.** Beispiele für Produkte, mit denen meine Rezepte sicher gelingen, finden Sie im Anhang auf Seite 154.

Pflanzliche Alternativen zu herkömmlichen Zutaten sind im Bioladen, im Biosupermarkt oder in vielen konventionellen Supermärkten erhältlich. Hier ein Überblick:

> **BUTTER:** Alsan (pflanzliche Margarine)

> **EI:** Kartoffel- oder Maisstärke (mit Wasser vermischt), Apfelmus, Chiasamen (mit Wasser vermischt, bis ein Gel entsteht, siehe Rezept Seite 123), Erdnussmus, No-Egg-Pulver, Sojamehl, Leinsamen (gemahlen und mit Wasser vermischt), Flohsamenschalen (gemahlen und mit Wasser vermischt), Banane, Seidentofu. Bei vielen Rezepten können Sie die Eier auch einfach weglassen.

> **FLEISCH:** Seitan, Tofu, Erbsenbasis, Lupinen

> **KÄSE:** Großes Angebot an veganem Käse aus verschiedenen Zutaten wie Cashewnüssen oder Sojabohnen.

> **MILCH:** Hafer-, Mandel-, Reis-, Soja-, Kokos-, Haselnussmilch

> **ZUCKER/HONIG:** Agavendicksaft (sehr süß, wird oft als Alternative zu Honig verwendet), Ahornsirup (statt Honig), Birkenzucker/Xylit (40 Prozent weniger Kalorien als herkömmlicher Zucker, stärkt den Zahnschmelz), Datteln (auch als Dattelsüße, Dattelsirup, siehe auch zahlreiche Rezepte), Reissirup (kein Fruchtzucker enthalten, daher oft bei Fruchtzuckerunverträglichkeiten verwendet), Stevia (siehe Seite 17)

MEIN TIPP

Ich achte beim Einkaufen immer darauf, dass ich Produkte finde, die nicht in Alu- oder Plastikverpackungen verschweißt sind. Wenn ich nicht sowieso meine eigene Stofftasche oder meinen Einkaufstrolli dabeihabe, greife ich zum Papier- statt zum Plastiksack.

FRÜHSTÜCK

> **Buchweizenbrötchen**
> mit Cashewcreme und Erdbeeren

> **Essenerbrot**

> **Buchweizenbowl**
> mit Schokocreme, Früchten und Superfoods

> **Warme Haferflockenbowl**
> mit getrockneten Früchten und Mandelmilch

> **Frischer Fruchtsalat**
> mit Superfoods, Nüssen und einem Smoothie

BUCHWEIZENBRÖTCHEN

MIT CASHEWCREME UND Erdbeeren

MEIN TIPP

Cashewcreme ist im Bioladen erhältlich (siehe Seite 154). In ihr sind Rohrzucker und Vollrohrzucker verarbeitet (wie auch im Mandelmus). Wer Zucker meiden möchte, macht die Cashewcreme selbst: einfach eingeweichte Cashewnüsse mit Datteln und ein bisschen Wasser cremig mixen.

Statt Wasser kann für die Brötchen übrigens auch **Hafer-, Soja-, Mandel- oder Reismilch** verwendet werden.

ZUTATEN
für 1–2 Portionen

100 g helles Buchweizenmehl
100 g Quinoamehl
100 g Kartoffelmehl
1 EL Guarkernmehl oder Tapioka
1 Pkg. Backpulver
1 TL Dattelsüße
⅛ l Wasser

Cashewcreme (oder Cashewmus)
frische Erdbeeren

> Backrohr auf 180 Grad vorheizen.

> Buchweizen-, Quinoa-, Kartoffelmehl und Guarkernmehl oder Tapioka (als Bindemittel) vermischen.

> Masse mit einer Packung Backpulver, der Dattelsüße und ca. ⅛ Liter warmem Wasser vermischen. Teig kneten, bis er nicht mehr an den Fingern kleben bleibt.

> Brötchen formen und auf einem Blech mit Backpapier ins Backrohr geben. Bei 180 Grad ca. 20 Minuten backen.

> Anschließend auskühlen lassen, halbieren und mit Cashewcreme bestreichen. Erdbeeren waschen, halbieren und auf die Brötchen legen.

ESSENERBROT

ZUTATEN
für 2 Portionen

5 EL Weizensamen
2 EL Olivenöl
½ TL Salz

In der Rohkost ist das Essenerbrot sehr beliebt, denn es kann mit verschiedenen gekeimten Samen, Kräutern, getrocknetem Gemüse und Gewürzen hergestellt werden. Hier stelle ich die Basiszubereitung vor.

> Weizensamen für ca. 12 Stunden in einem Keimglas in Wasser einweichen. Danach zwei bis drei Mal mit frischem Wasser spülen und abseihen. Wenn kein Wasser mehr abrinnt, die Samen aber noch nass sind, das Keimglas umdrehen. Über Nacht stehen und keimen lassen.

> Am nächsten Tag den Vorgang wiederholen. Am dritten Tag sieht man bereits die ersten Sprösslinge heranwachsen.

> Am vierten oder fünften Tag Keime herausnehmen, um sie zu Brot weiterzuverarbeiten.

> Keime mit Olivenöl und Salz mixen, bis eine nicht zu weiche Creme entstanden ist.

> Mit den Händen kleine Brötchen formen (diese sollten nicht dicker als ca. zwei Zentimeter sein). Alternativ den gesamten Teig zu einem Brot flachdrücken.

> Wer einen Excalibur Mini oder ein anderes Dörrgerät zu Hause hat, trocknet die Brötchen darin für mind. 6 Stunden bei 42 Grad, bis sie bissfest sind.
> Alternativ Brötchen auf ein Blech mit Backpapier legen und im Backrohr (Messer zwischen Ofentür und Backrohr klemmen) bei ca. 50 Grad für mind. 6 Stunden trocknen lassen.

MEIN TIPP

Keime enthalten einen sehr hohen Nähr- und Vitalstoffanteil sowie Proteine und Vitamine, die sich während des Keimens entwickeln. Aus den Keimen entstehen danach die **Sprossen**, die ich gerne zum Salat oder wie Brunnenkresse als Brotbelag esse.

Für das **Essenerbrot** können nach Belieben auch folgende Samen gekeimt werden: Alfafa, Amaranth, Buchweizen, Dinkel, Gerste, Hafer, Hanf, Kichererbsen, Linsen, Mungobohnen, Roggen, Sesam, Sojabohnen.

BUCHWEIZENBOWL
MIT SCHOKOCREME, FRÜCHTEN UND SUPERFOODS

ZUTATEN
für 1–2 Portionen

ca. 100 g Buchweizen

SCHOKOCREME
1 vollreife Banane
1 Avocado
1 TL roher Kakao
1 TL Macapulver
1 TL Vanillepulver

Erdbeeren oder
andere Beeren
1 Banane
1 TL Kokosflocken
1 TL Chiasamen
1 TL Kakaonibs

> Buchweizen ca. 12 Stunden in Wasser einweichen. Immer wieder die Saponine (die rosa Bitterstoffe) ausspülen – die sind nicht gesund. Es bildet sich mit der Zeit eine geleeartige Konsistenz, daher ist es wichtig, in den 12 Stunden das Wasser mindestens zweimal auszuwechseln.

> Nach den 12 Stunden Buchweizen gut abgetropft in eine Schüssel geben.

> SCHOKOCREME: Sie ist auch die Basiscreme von meinem Mousse au Chocolat (siehe Rezept Seite 128). Einfach eine geschälte Banane mit einer Avocado (geschält, entkernt) und dem Kakao mixen, bis alles schön cremig ist. Das Superfood Macapulver und Vanillepulver einfach mitmixen. Manche Mixer benötigen einen kleinen Schuss Wasser, damit die Masse besser greift, aber nicht zu viel Wasser verwenden, damit die Creme nicht zu wässrig wird.

> Beeren waschen und mundgerecht schneiden. Banane schälen und ebenfalls schneiden.

> Schokocreme auf den Buchweizen in der Schüssel geben, mit Früchten und Kakaonibs belegen. Nach Wunsch mit Kokosflocken und Chiasamen bestreuen.

MEIN TIPP

Ich richte **Bowls** am liebsten wie auf dem Foto an, damit es appetitlich aussieht. Statt der Schokocreme verwende ich auch gerne Sojajoghurt. Mit frischen Früchten schmeckt diese Variante ebenfalls köstlich.

WARME HAFERFLOCKENBOWL

MIT GETROCKNETEN FRÜCHTEN
UND MANDELMILCH

Mein Tipp

Bei Milchalternativen wie **Mandel-, Reis-, Soja- oder Haselnussmilch** überprüfe ich stets auf der Rückseite der Verpackung, ob auch keine E-Zusatzstoffe, Glucose, Maltodextrin o. Ä. beigesetzt wurden. Die Bezeichnung „vegan" bedeutet nicht immer gesund!

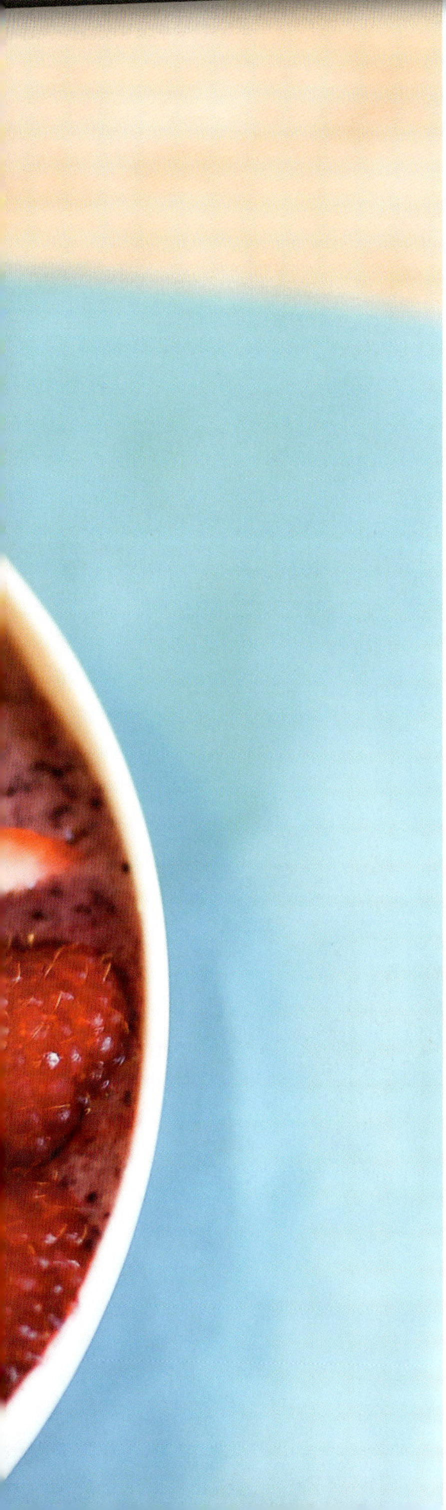

ZUTATEN

für 1–2 Portionen

ca. 100 g glutenfreie Haferflocken
¼ l Mandelmilch
1 TL Vanillepulver
evtl. 1 TL Dattelsüße oder getrocknete Datteln

1 Banane
4–6 Brombeeren
1 TL Chiasamen
2 Medjoul-Datteln
2 Erdbeeren
3 Himbeeren
Kokosstreusel

- Haferflocken mit Mandelmilch und Vanillepulver auf niedriger Stufe weich kochen. Bei Bedarf mit Dattelsüße oder entkernten, klein geschnittenen Datteln süßen. Die Masse als Basis in eine Schüssel geben, ein wenig auskühlen lassen
- Banane schälen und mit gewaschenen Brombeeren im Mixer mixen. Auf einer Seite auf den Haferflocken anrichten.
- Erdbeeren und Himbeeren waschen und gemeinsam mit den übrigen Zutaten in der Schüssel anrichten.

RAW FRISCHER FRUCHTSALAT

MIT SUPERFOODS, NÜSSEN UND EINEM SMOOTHIE

ZUTATEN
für 1 Portion

1 Mango
1 Avocado
Beeren

Kokosstreusel
Hanfpulver
Hanfsamen
Mandelsplitter
Cashewnüsse
Chiasamen

SMOOTHIE
1 Banane
1 Handvoll Heidelbeeren

> **FRUCHTSALAT:** Mango und Avocado schälen, entkernen und mundgerecht schneiden. Beeren waschen, wenn nötig entstielen.

> Geschnittene Früchte in einer Schüssel anrichten. Nach Geschmack mit den übrigen Zutaten bestreuen. Als Alternative können auch Pekannüsse, Macadamia, Walnüsse oder Haselnüsse verwendet werden.

> **SMOOTHIE:** Banane mit Heidelbeeren im Mixer cremig mixen. Kühl servieren.

MEIN TIPP

Zum Fruchtsalat empfehle ich einen **Smoothie** — für einen frischen Start in den Tag.

Legen Sie die geschälten Bananen über Nacht ins Eisfach, können Sie mit der gleichen Rezeptur auch ein cremiges **Rohkosteis** zaubern (siehe auch Rezepte Seite 132).

SALATE

> **Schwarze Belugalinsen**
> mit Rotkraut, Orange und Nüssen

> **Greens**
> mit Erdbeeren, Himbeeren, Mango
> und Kokosdressing

> **Buchweizenbowl**

> **Kichererbsensalat**
> mit getrockneten Tomaten und Basenkräutern

> **Schwarze-Quinoa-Salat**
> mit Mango, Avocado und Mandeldressing

> **Cesar Salad**
> mit karamellisiertem Tofu und Oliven

> **Wildreissalat**
> mit Avocado und Feige

> **Salatbowl**
> mit braunen Reisnudeln, Wakame, Rotkraut,
> Avocado und Rucola

> **Soba-Salat**
> mit Granatapfel, Avocado und Cashews

> **Schwarze Reisnudel-Salat-Bowl**
> mit Rotkraut und Avocado

> **Algensalat**

SCHWARZE BELUGALINSEN

MIT ROTKRAUT, ORANGE und Nüssen

ZUTATEN
für 1–2 Portionen

100 g schwarze Belugalinsen
1 Handvoll Rucola
¼ Rotkraut
einige Haselnüsse
1 Orange

DRESSING
1 TL weißes Mandelmus
1 Zitrone
½ Orange
1 Dattel
1 Schuss Apfelessig

> Belugalinsen bissfest kochen, anschließend kalt ab-schrecken oder auskühlen lassen.

> Rucola waschen und gut abtropfen. Rotkraut in kleine Streifen schneiden, waschen und gut trocknen.

> Haselnüsse mit ein bisschen Wasser in einer Pfanne kurz anbraten. Orange schälen und in kleine Stückchen schneiden.

> **DRESSING:** Dattel entkernen. Alle Zutaten in einer Schüssel mixen.

> Belugalinsen, Rucola und Rotkraut mit dem Dressing gut vermischen und auf einem Teller schön anrichten. Zum Schluss Orangenstückchen und Haselnüsse als Deko auf den Salat geben oder gut untermischen.

GREENS
MIT ERDBEEREN, HIMBEEREN, MANGO UND KOKOSDRESSING

ZUTATEN
für 2 Portionen

1 Tasse grüner Blattsalat
1 Tasse Erdbeeren
1 Tasse Himbeeren
1 Mango

DRESSING
1 EL Mandelpüree
1 TL Kokosmus
1 EL Crema Bianca

Kokosstreusel
Chiasamen

> Salat gut waschen, abtropfen und in eine Schüssel geben.

> Erdbeeren waschen und klein schneiden. Mango schälen, entkernen und klein schneiden. Mit gewaschenen Himbeeren und Salat vermischen.

> **DRESSING:** Alle Zutaten mixen und ebenfalls gut mit dem Salat vermischen.

> Mit Kokosstreuseln und Chiasamen verzieren.

BUCHWEIZENBOWL

MEIN TIPP

Hanfsamen sind eine der besten pflanzlichen Proteinquellen, die es gibt. Viele Leistungssportler nehmen Hanfpulver täglich zu sich, zum Beispiel in grünen Smoothies (siehe Rezept Seite 146) oder direkt auf verschiedenen Speisen.

Sesam hat um ein Vielfaches mehr Kalzium als Kuhmilch.

ZUTATEN
für 2 Portionen

100 g Buchweizen
250 g Kichererbsen (Trockengewicht)
frische Blattsalate oder Kohl
1 Zucchini
1 Avocado
frische Kirschtomaten

DRESSING
2 EL naturtrüber Apfelessig
1 EL Leinöl
1 EL Mandelpüree
Saft einer Zitrone

Hanfsamen
schwarzer Sesam

> Buchweizen über Nacht einweichen und am nächsten Tag gut mit Wasser ausspülen (siehe Rezept Seite 26).

> Kichererbsen über Nacht einweichen (mind. 12 Stunden), dann 2 Stunden kochen. Kalt abschrecken und gut abtropfen. Alternativ können auch Kichererbsen aus dem Glas verwendet werden.

> Zucchini waschen und Enden entfernen. Mit einem Spiralschneider Zucchinispaghetti schneiden (siehe Rezept Seite 70).

> Blattsalate bzw. Kohl waschen, abtropfen und mundgerecht portionieren. Avocado schälen, entkernen und in kleine Stücke schneiden. Kirschtomaten waschen und halbieren.

> Alle Zutaten in einer Schüssel mischen und anrichten.

> DRESSING: Alle Zutaten cremig pürieren.

> Dressing mit den übrigen Zutaten in der Schüssel mischen. Mit Hanfsamen und schwarzem Sesam dekorieren.

KICHERERBSENSALAT
MIT GETROCKNETEN TOMATEN UND BASENKRÄUTERN

ZUTATEN
für 2 Portionen

200 g Kichererbsen
1 Tasse Asiasalat oder Rucola
getrocknete Tomaten

DRESSING
1 Limette
2 EL Mandelpüree
2 EL Crema Bianca

1 Avocado
1 EL Basenkräuter

> Kichererbsen über Nacht einweichen und am nächsten Tag ca. 2 Stunden kochen, bis sie bissfest sind. Gekochte Kichererbsen kalt abschrecken und gut abtropfen.

> Salat gut waschen und abtropfen.

> Kichererbsen mit getrockneten Tomaten und Salat in einer Schüssel mischen.

> DRESSING: Limette auspressen, Saft mit allen Zutaten pürieren. Über den Salat gießen.

> Avocado schälen, entkernen und in dünne Streifen schneiden.

> Salat anrichten und mit Avocadostreifen und Basen-kräutern verzieren.

Schwarze-Quinoa-Salat

mit Mango, Avocado und Mandeldressing

MEIN TIPP

Statt dem schwarzen Sesam verwende ich manchmal auch Mandelsplitter als Deko.

ZUTATEN
für 1–2 Portionen

DRESSING
OHNE ÖL, SALZ,
ZUCKER

50 g schwarze Quinoa
1 Handvoll Blattspinat
½ Mango
½ Avocado

DRESSING
1 TL Mandelpüree in Rohkostqualität
1 EL weißer Balsamicoessig
½ Orange
1 Dattel oder 1 TL Dattelsirup

schwarzer Sesam

> Quinoa bissfest kochen, anschließend kalt abschrecken oder auskühlen lassen.

> Blattspinat waschen und gut abtropfen.

> Avocado und Mango schälen, entkernen und in mundgerechte Stücke schneiden. Mit Quinoa und Blattspinat in einer Schüssel anrichten.

> **DRESSING:** Dattel entkernen. Alle Zutaten mixen, über den Salat gießen.

> Zuletzt mit schwarzem Sesam bestreuen.

CESAR SALAD
MIT KARAMELLISIERTEM TOFU UND OLIVEN

ZUTATEN
für 2 Portionen

Dressing ohne Öl, Salz, Zucker

etwas Kokos- oder Olivenöl
1 EL Dattelsüße
1 Pkg. Tofu (natur)
1 mittelgroßer Romanasalat bzw. Römersalat

DRESSING
1 TL Dijonsenf
1 EL Worcestersauce
1 EL Sojasahne

1 Zitrone
1 Handvoll schwarze Oliven
evtl. Hefeflocken

> Kokos- oder Olivenöl in einer Pfanne erhitzen. Dattelsüße darin karamellisieren.

> Tofu in Scheiben schneiden und in der Pfanne in der Dattelsüße scharf anbraten, bis er goldbraun und karamellisiert ist.

> Salat waschen, zerteilen und in eine Schüssel geben.

> DRESSING: Alle Zutaten mit dem Personal Blender durchmixen. Anschließend mit dem Salat vermischen.

> Zitrone auspressen. Salat mit Oliven und Zitronensaft anrichten. Tofuscheiben darauf anrichten, nach Geschmack mit Hefeflocken bestreuen.

MEIN TIPP

Der **vegane Cesar Salad** ist ein absoluter „Eventknaller" und überrascht, da die klassische
Variante durch das Dressing, die Hühnerstücke und den Käse doch sehr tierlastig ist!

RAW

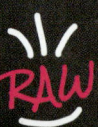

WILDREISSALAT

MIT AVOCADO UND FEIGE

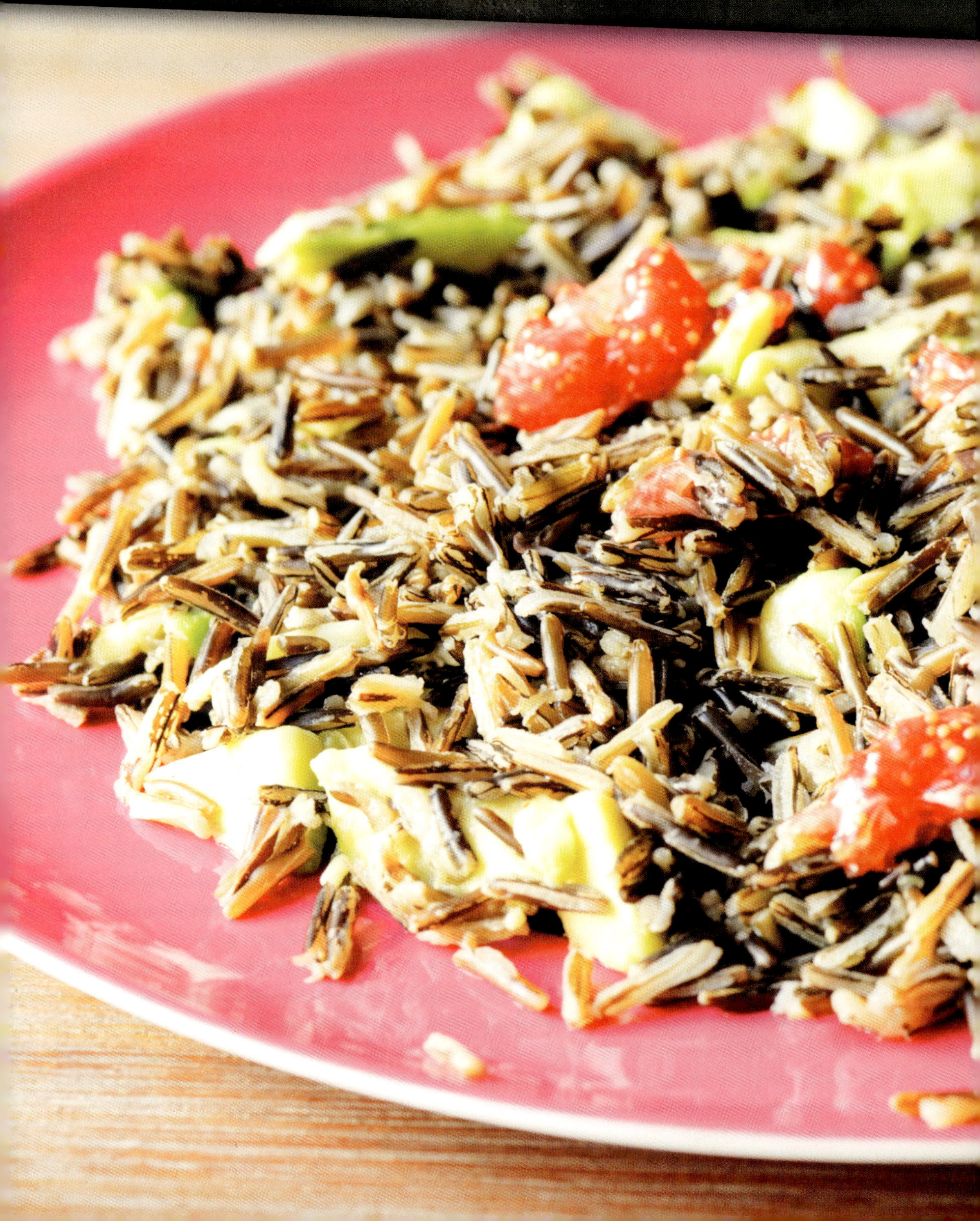

MEIN TIPP

Wenn ich Reis kaufe, wähle ich stets nur Wild- oder Naturreis.

ZUTATEN
für 2 Portionen

200 g Wildreis
1 Avocado
2 Feigen

DRESSING
½ Zitrone
1 TL Mandelmus
1 EL Crema Bianca

DRESSING OHNE ÖL, ESSIG, ZUCKER

> Wildreis kann auch roh zubereitet werden, indem er für ca. 24 Stunden in Wasser eingeweicht wird, damit er aufgeht.

> Am nächsten Tag Wildreis in einer Schüssel anrichten.

> Avocado schälen, entkernen und in kleine Stücke schneiden.

> Feigenfruchtfleisch mit einem Löffel auskratzen und mit Avocado im Wildreis verteilen.

> DRESSING: Halbe Zitrone auspressen. Saft mit den übrigen Zutaten mit einem Löffel gut verrühren. Dem Salat untermischen.

SALATBOWL

MIT BRAUNEN REISNUDELN, WAKAME, ROTKRAUT, AVOCADO UND RUCOLA

ZUTATEN
für 2 Portionen

1 Pkg. braune Reisnudeln mit Wakame
½ Handvoll Rotkraut
1 Handvoll Rucola
1 Avocado

DRESSING
1 EL Mandelpüree
1 EL Crema Bianca

1 TL weißer Sesam
Basenkräuter

> Nudeln kurz bei mittlerer Hitze kochen, bis sie weich, aber bissfest sind. Dann kalt abschrecken und in einer Schüssel anrichten.

> Rucola und Rotkraut waschen. Rotkraut in mundgerechte Streifen schneiden. Gut abtropfen und in der Schüssel nebeneinander anrichten.

> Avocado schälen, entkernen und in Streifen schneiden. Ebenfalls anrichten.

> DRESSING: Zutaten mit der Gabel cremig verrühren oder kurz im Blender mixen. Über den Salat geben.

> Mit Sesam und Basenkräutern dekorieren.

SOBA-SALAT

mit Granatapfel, Avocado und Cashews

Soba bestehen aus Buchweizen, die Nudeln stammen aus der japanischen Küche. Sie kleben leicht zusammen, weshalb man behutsam mit ihnen umgehen sollte.

ZUTATEN
für 2 Portionen

1 Pkg. Soba (Buchweizennudeln)
1–2 Avocados
1 Granatapfel
frischer Koriander
Cashewnüsse

DRESSING
1 EL Mandelpüree
½ Limette
1 Schuss weißer Balsamicoessig
1 Medjoul-Dattel oder Dattelsirup

1 Limette
schwarzer Sesam

> Nudeln bei mittlerer Hitze bissfest kochen und kalt abschrecken.

> Avocados schälen, Kern entfernen, in Scheiben schneiden. Kerne aus Granatapfel herauslösen. Koriander waschen.

> Nudeln, Granatapfelkerne, Koriander und Cashewnüsse in einer Schüssel vermischen. Avocadoscheiben darauf drapieren.

> **DRESSING:** Halbe Limette auspressen, Dattel entkernen. Mit den übrigen Zutaten cremig pürieren. Über den Salat geben oder gut untermischen.

> Mit schwarzem Sesam dekorieren. Limettenspalten als Geschmackseffekt an den Seiten der Schüssel beilegen.

SCHWARZE REISNUDEL-SALAT-BOWL
MIT ROTKRAUT UND AVOCADO

ZUTATEN
für 1 Portion

1 Pkg. schwarze Reisnudeln
1 Handvoll Rucola
½ Rotkraut
1 Avocado

DRESSING
1 EL Sesamöl
1 EL Mandelpüree
2 EL Crema Bianca

1 Limette
1 TL schwarze Sesamkerne
Kokosstreusel

> Reisnudeln bissfest kochen, kalt abschrecken und gut abtropfen.

> Rucola gründlich waschen und abtropfen. Rotkraut in feine Streifen schneiden.

> Avocado schälen, entkernen und in dünne Scheiben schneiden.

> Alles in der Schüssel schön anrichten.

> **DRESSING:** Alle Zutaten mischen und auf den Salat gießen.

> Salat mit Saft der Limette beträufeln, mit schwarzen Sesamkernen und Kokosstreuseln verzieren.

Mein Tipp

Statt Rucola können Sie für dieses Rezept natürlich auch frischen Blattspinat verwenden.

ALGENSALAT

MEIN TIPP

Algen haben einen sehr hohen Nährstoffanteil und Proteingehalt. Sie helfen dem Körper, Schwermetalle abzuleiten, mit denen wir täglich in unserer Umwelt belastet werden. Sie unterstützen dadurch die Entgiftung unseres Körpers und stärken das Immunsystem. Es gibt in Bioläden Algen auch klein geschnitten zu kaufen. So eignen sie sich zum Drüberstreuen für Salate.

ZUTATEN
für 1 Portion

1 gemischte Pkg. Algen
(mit Kelp, Nori, Wakame, Seetang)

DRESSING
1 Zitrone
½ Avocado
1 kleines Stück Ingwer
1 TL Sesamöl

1 TL Sesam

> Algen für ca. 2 Stunden in Wasser legen, bis sie weich sind.

> DRESSING: In der Zwischenzeit Zitrone auspressen. Avocado schälen, entkernen und halbieren. Ingwer schälen. Mit allen übrigen Zutaten mixen.

> Algen abtropfen, mit dem Dressing vermischen und mit Sesam bestreuen.

SUPPEN

> Gemüsesuppe

> Misosuppe
mit Shiitakepilzen und Pak Choi

> Rote-Rüben-Kartoffelsuppe
mit Kokosmilch

> Süßkartoffelsuppe
mit Koriander

> Maronisuppe
mit Kartoffeln und Reismilch

> Kichererbsensuppe
mit Mandelmilch

GEMÜSESUPPE

ZUTATEN
für 1–2 Portionen

SUPPENGEWÜRZ
1 Karotte
1 Sellerie
1 Knoblauch
1 Zwiebel
1–2 Stiele Petersilie
1 TL geriebene Muskatnuss
1 TL geriebene
Lorbeerblätter
1 Prise Salz
1 Prise gemahlener Kümmel

SUPPE
3 Kartoffeln
1 Karotte
1 gelbe Rübe
1 Weißkraut
1 Zucchini
1 TL roter Paprika (edelsüß)
2 TL Tomatenmark
1 EL Suppengewürz

> **SUPPENGEWÜRZ:** Karotte, Sellerie, Knoblauch, Zwiebel schälen und schneiden. Dann mit den übrigen Zutaten im Blender pürieren.

> Masse im Dörrapparat für ca. 6 Stunden bei ca. 42 Grad trocknen. Dazwischen eventuell einmal wenden. Dann herausnehmen, mit den Fingern klein bröseln und beiseitestellen.

> **SUPPE:** In einem Kochtopf Wasser zum Kochen bringen. Kartoffeln, Karotte und Rübe schälen, Weißkraut schneiden und waschen. Alles in Streifen oder mundgerechte Stücke schneiden und im Wasser weich kochen.

> Zucchini waschen und ebenfalls klein schneiden. (Erst zum Schluss mit den Gewürzen hinzugeben, da sie nicht zu weich werden sollte.)

> Mit einer Gabel in Kartoffelstücke stechen und überprüfen, ob sie weich genug sind. Dann Zucchini, selbst gemachtes Suppengewürz, Tomatenmark und Paprika hinzugeben.

> Je nach Geschmack so servieren oder cremig pürieren und mit Basilikum und Sesam verzieren.

Mein Tipp

Diese **Suppe** spendet vor allem in der kalten Jahreszeit viel Kraft und Energie. Durch das Weißkraut kann man gesund abnehmen, da es die Kalorienverbrennung ankurbelt. Durch die Kartoffeln ist die Suppe auch sättigend.

Wenn Sie etwas „zum Beißen" möchten, empfehle ich die selbst gemachten Leinsamen-cracker dazu (siehe Rezept Seite 136).

Misosuppe

mit Shiitakepilzen und Pak Choi

MEIN TIPP

Reisnudeln sind sehr rasch weich gekocht. Daher sollten Sie aufpassen, dass sie nicht zu lange im heißen Wasser sind.

ZUTATEN
für 2 Portionen

1 Handvoll Shiitakepilze
1 Miso-Fertigmischung (z. B. mit Algen und Tofu)
1 Pkg. Reisnudeln
1–2 Bund Pak Choi

> Shiitakepilze im kochenden Wasser ca. 5–7 Minuten weich kochen. Dann herausnehmen und in einer Schüssel auf die Seite geben.

> In einem Topf ½ Liter Wasser zum Kochen bringen. 2 Säckchen der Fertigmischung ins kochende Wasser geben und mitkochen. Nach dem ersten Aufkochen Hitze reduzieren und Reisnudeln hinzugeben. Diese sind innerhalb von 3–4 Minuten weich gekocht.

> Pak Choi waschen, hinzufügen und noch ca. 2 Minuten mitkochen.

> Alles zusammen in einem Teller anrichten. Zuletzt die Shiitakepilze hinzugeben.

ROTE-RÜBEN-KARTOFFELSUPPE
MIT KOKOSMILCH

ZUTATEN
für 2 Portionen

3 mittelgroße Kartoffeln
1 Rote Rübe
2 EL Kokosmilch
1 Prise Pfeffer

etwas Petersilie

> Kartoffeln schälen und weich kochen.

> In einem separaten Topf die geschälte und in kleine Stücke geschnittene Rote Rübe ebenfalls weich kochen.

> Kartoffeln und Rote Rüben zusammen mit dem Pürierstab cremig pürieren.

> Kokosmilch und ca. ¼ Liter Wasser zugeben. Gut umrühren.

> Mit Pfeffer verfeinern und als Deko zum Beispiel gehackte Petersilie daraufsetzen.

SÜSSKARTOFFELSUPPE

MIT KORIANDER

Ich verwende für meine Rezepte gerne **Koriander**, weil ich den Geschmack so liebe. Wem dieser zu geschmacksintensiv ist, der kann stattdessen zum Beispiel Blattspinat verwenden.

ZUTATEN
für 2 Portionen

3 mittelgroße Süßkartoffeln
2 EL Kokosmilch
1 Prise Pfeffer
½ TL Kurkuma

> Süßkartoffeln schälen, in Stücke schneiden und in Wasser weich kochen. Dann abseihen.

> Anschließend cremig pürieren, mit ⅛ Liter Wasser und Kokosmilch gut vermischen und kurz weiterkochen, damit die Suppe heiß und flüssig ist.

> Mit den Gewürzen abschmecken, evtl. dekorieren.

MARONISUPPE
MIT KARTOFFELN UND REISMILCH

ZUTATEN
für 2 Portionen

2–3 mittelgroße Kartoffeln
1 Pkg. vorgegarte, geschälte
Maroni
¼ l Reismilch
evtl. Salz, Pfeffer

> Kartoffeln schälen und mit
  Wasser weich kochen.

> Separat die Maroni mit
  ca. ¼ Liter Wasser ebenfalls weich kochen.

> Dann beide Zutaten zu-
  sammen in einer Schüssel
  pürieren, mit Reismilch
  vermischen. Ca. 2 Minuten
  weiter köcheln lassen.

> Nach Belieben mit Salz
  und Pfeffer abschmecken

KICHERERBSENSUPPE
mit MANDELMILCH

ZUTATEN
für 2 Portionen

100 g Kichererbsen
¼ l Mandelmilch
1 Prise Salz

KARAMELLISIERTER KOHL
einige Kohlblätter
1 TL Kokos- oder Olivenöl
1 TL Dattelsüße oder Rohrohrzucker

> Kichererbsen über Nacht in Wasser einweichen.

> Am nächsten Tag gut ausspülen und ca. 1 Stunde weich kochen. Anschließend fast das gesamte Wasser abseihen (ein wenig im Topf lassen). Cremig pürieren.

> Mandelmilch hinzugeben und nochmals pürieren. Zuletzt mit einer Prise Salz abschmecken. Diese drei Zutaten reichen, um eine tolle sättigende Suppe zu zaubern.

> Wer möchte, kann auf die Suppe karamellisierten Kohl geben. Kohlblätter waschen, schneiden und in einer Pfanne mit Kokos- oder Olivenöl sowie Dattelsüße oder Rohrohrzucker karamellisieren. Als Deko auf die Suppe legen.

HAUPTGERICHTE

> Zucchinispaghetti

> Gemüsewrap
mit Zucchinispaghetti und Guacamole

> Rote-Rüben-Falafeln
mit Süßkartoffelpüree

> Rote-Rüben-Spaghetti
mit Rucola und Mandeln

> Kelpnudeln
mit Rohkostpesto

> Konjaknudeln
mit Blattspinat-Cashew-Sauce und Koriander

> Gebratene Schlangenbohnen
mit gerösteten Cashews

> Soba
mit Babymais, Brokkoli und Kokos-Tamari-Sauce

> Reisblätter
mit Veggie-Füllung und Cashew-Chutney

> Süßkartoffel-Buchweizennudeln
mit Kohl und Champignons

> Süßkartoffel-Buchweizennudeln
mit scharfer Thai-Sauce und Pak Choi

> Schwarze Quinoa
mit Erdnuss-Kokos-Sauce und Koriander

> Weiße-Quinoa-Dal
mit Linsen und Süßkartoffeln

> Linsendal
mit Süßkartoffeln, Naturreis und Pak Choi

> Chili sin Carne
mit Guacamole und Nachos (mild oder scharf)

> Veggie-Bowl

RAW

Zucchinispaghetti

ZUTATEN

für 2 Portionen

3 mittelgroße Zucchini
1 Avocado
3–5 getrocknete Tomaten
2 EL Crema Bianca
2 EL Mandelpüree auf Rohkostbasis
5 Cashewnüsse
ca. 10 schwarze Oliven oder getrocknete Tomaten

> Zucchini mit einem Zucchinischneider schneiden und in eine Schüssel geben. Ca. 2–3 Zentimeter bis zum Ende von jeder Zucchini aufheben.

> Avocado schälen und entkernen. Mit getrockneten Tomaten, Mandelpüree, Crema Bianca und den Zucchinienden im Blender pürieren. Auf Zucchinispaghetti anrichten.

> Mit einem Messer Cashewnüsse klein hacken und als „Parmesan" über die Nudeln streuen. Mit entkernten Oliven oder getrocknteter Tomate verzieren.

GEMÜSEWRAP
MIT ZUCCHINISPAGHETTI UND GUACAMOLE

ZUTATEN
für 1 Portion

WRAP
1 Zucchini
1 Avocado

GUACAMOLE & TOMATENCREME
1 Avocado
1 Limette
1 Prise Pfeffer
2 getrocknete Tomaten

FÜLLUNG
1 große Zucchini

evtl. Mandelsplitter,
weißer Sesam, Kürbis- oder
Sonnenblumenkerne

> **WRAP:** Zucchini waschen, Enden entfernen und in Stücke schneiden. Avocado schälen und Kern entfernen. Gemeinsam pürieren.

> Masse mit einem Spatel auf Dörrfolie auftragen, für ca. 7 Stunden ins Dörrgerät legen und bei 42 Grad trocknen (siehe Tipp). Wenn der Wrap fertig getrocknet ist, vorsichtig abziehen (siehe Bild).

> **GUACAMOLE:** Avocado schälen, entkernen und mit einer Gabel zerdrücken. Limette auspressen, mit Pfeffer und zerdrückter Avocado vermischen.

> **TOMATENCREME:** Getrocknete Tomaten im Blender mit einem Schuss Wasser pürieren.

> **FÜLLUNG:** Zucchini waschen, Enden entfernen. Mit einem Spiralschneider in Streifen schneiden (siehe Rezept Seite 70).

> Zucchinispaghetti in den Wrap füllen. Guacamole und Tomatencreme entweder mit den Spaghetti vorher gut vermischen oder einfach als Sauce dazugeben.

> Als Deko verwende ich für dieses Gericht gerne Mandelsplitter, weiße Sesamkerne oder auch Kürbis- oder Sonnenblumenkerne.

MEIN TIPP

RAW WRAP – VEGGIE OR FRUITY?

Für Rohkostwraps lassen sich verschiedene Obst- oder Gemüsesorten verwenden – Ihren Ideen sind keine Grenzen gesetzt. Einfach Zutaten glatt mixen und im Dörrgerät trocknen lassen, bis man einen weichen, aber festen Wrap erhält (auch Gemüse- oder Frucht„leder" genannt). Für das Dörren empfehle ich den Excalibur von Keimling, da bei diesem Gerät eine eigene Einstellung für Fruchtleder vorgesehen ist. Das Dörren dauert meist 4–7 Stunden. Danach den Wrap beliebig füllen und zusammenrollen (siehe auch Seite 138).

ROTE-RÜBEN-FALAFELN
MIT SÜSSKARTOFFELPÜREE

ZUTATEN
für 6 Portionen

150 g Buchweizen
1 große Rote Rübe
150 g Kichererbsen
1 Zwiebel
1 EL Kokos- oder Olivenöl
1 TL Tahini
1 EL Maisstärke
1 TL Kurkuma
1 TL Koriander
1 TL gemahlener Kreuzkümmel
1 Prise Salz

PÜREE
1 große Süßkartoffel
1 EL Kokosmilch

SALAT
etwas Blattspinat
1 TL Kokosmus
1 TL Crema Bianca
1 TL Mandelmus
1 TL Wasser

Kokosflocken
1 TL schwarzer Sesam

> **BUCHWEIZENBRÖSEL:** Buchweizen über Nacht einweichen (siehe Rezept Seite 26). Am nächsten Tag pürieren und im Dörrgerät ca. 7 Stunden trocknen lassen. Zerbröseln. (Wer es weniger aufwendig möchte, kann fertige vegane Semmelbrösel oder veganen Zwieback verwenden.)

> Kichererbsen über Nacht in Wasser einweichen (mind. 12 Stunden). Am nächsten Tag 1–2 Stunden kochen, bis sie bissfest sind, dann gut abspülen und kalt abschrecken.

> Rote Rübe schälen und kochen, bis sie weich ist. Parallel die geschälte Süßkartoffel weich kochen. Zwiebel schälen und schneiden.

> Kichererbsen, Rote Rübe und Zwiebel mit Öl, Tahini und Gewürzen mischen. In einer Schüssel mit dem Pürierstab pürieren oder im Mixer mixen. Anschließend mit nassen Händen Kugeln formen.

> Kugeln im vorgeheizten Backrohr auf Backpapier bei 190 Grad ca. 10 Minuten aufbacken. Nicht länger, damit die Falafeln nicht zu hart werden!

> **PÜREE:** Wenn die Süßkartoffel weich gekocht ist, Wasser wegschütten und Kokosmilch dazugeben. Dann mit dem Pürierstab pürieren.

> **SALAT:** Blattspinat waschen. Die übrigen Zutaten mit einer Gabel verrühren und unter den Blattspinat mischen.

> Als Deko und besonderen Geschmackseffekt Kokosflocken über das Püree oder die Falafeln streuen und mit schwarzem Sesam verzieren.

Mein Tipp

Tahini (auch Tahina genannt) ist eine Paste aus fein gemahlenen Sesamkörnern.

RAW

ROTE-RÜBEN-SPAGHETTI
MIT RUCOLA UND MANDELN

ZUTATEN
für 2 Portionen

Dressing ohne Öl, Salz, Zucker

2 Handvoll Rucola
1 mittelgroße Rote Rübe
1 Avocado

DRESSING
2 EL weißer Balsamicoessig
2 EL Mandelmus in
Rohkostqualität
1 Medjoul-Dattel

1 EL Mandelsplitter
1 TL schwarzer Sesam

> Rucola waschen, abtropfen und in eine Schüssel geben.

> Avocado schälen, entkernen und in mundgerechte Stücke schneiden.

> Rote Rübe schälen, mit einem Spiralschneider zu Spaghetti verarbeiten. Mit Rucola vermischen.

> **DRESSING:** Dattel entkernen. Alle Zutaten gemeinsam cremig pürieren und dem Salat untermischen.

> Avocado gleichmäßig auf den Salat legen. Mit Mandelsplittern und schwarzem Sesam verzieren.

KELPNUDELN
MIT ROHKOSTPESTO

ZUTATEN
für 1 Portion

1 Pkg. Kelpnudeln
2 Knoblauchzehen
1 EL Pinienkerne
1 Handvoll Kohl
1 Prise Salz
2 EL natives Olivenöl
1 Limette

evtl. Rucola

> Kelpnudeln abwaschen, gut abtropfen und in eine Schüssel geben.

> Geschälte Knoblauchzehen, Pinienkerne, Kohl, Salz und das Olivenöl pürieren oder mixen. Anschließend mit den Nudeln gut vermischen.

> Limette auspressen, Nudeln mit Limettensaft abschmecken.

> Wer es noch geschmacksintensiver mag, kann Rucola (vorher waschen, abtropfen) dazumixen – er entfaltet einen sehr intensiven Eigengeschmack.

Mein Tipp

Kelpnudeln sind kalorienarm und haben nur wenig Kohlenhydrate. Sie schmecken sehr neutral und werden aus Braunalgen hergestellt. Natriumsalz wird aus der Braunalge extrahiert. Kelpnudeln sind im Bioladen oder im veganen Supermarkt erhältlich.

RAW KONJAKNUDELN
MIT BLATTSPINAT-CASHEW-SAUCE UND KORIANDER

ZUTATEN
für 1 Portion

1 Pkg. Konjaknudeln
1 Handvoll Blattspinat
2 EL Cashewmus
1 Prise Salz
Korianderblätter

1 Limette

> Konjaknudel wie die Kelpnudeln (siehe Rezept Seite 77) abwaschen, gut abtropfen und in eine Schüssel geben.

> Blattspinat und Korianderblätter waschen. Mit Cashewmus und Salz gründlich pürieren. Je mehr Koriander man verwendet, desto intensiver wird die Sauce.

> Sauce auf die Nudeln geben. Mit ein paar übrigen Korianderblättern verzieren und mit dem Saft der Limette beträufeln.

MEIN TIPP

Konjaknudeln werden aus dem Mehl der Konjakwurzel (auch Teufelszunge genannt) herge-stellt und stammen aus Japan. Sie sind extrem arm an Kalorien und Kohlenhydraten. Asiaten geben sie gerne in die Suppe, in der Rohkostküche werden sie roh gegessen. Konjaknudeln schmecken auch sehr neutral, daher sollte die Sauce sehr intensiv sein. Erhältlich sind sie im Bioladen oder im veganen Supermarkt.

Gebratene Schlangenbohnen

mit gerösteten Cashews

Gebratene Schlangenbohnen sind eine köstliche Beilage. Zusammen mit mehr Gemüse gebraten, werden sie zu einer feinen Hauptspeise.

ZUTATEN
für 2 Portionen

1 Handvoll Cashewnüsse
4 EL Sesamöl
1 Pkg. Schlangenbohnen
1 Prise Salz
1 TL Dattelsüße oder Rohrohrzucker
1 Kohlblatt

schwarzer Sesam

> Cashewnüsse evtl. klein hacken.

> Sesamöl in einer Pfanne auf kleiner Stufe erhitzen. Gewaschene Schlangenbohnen darin scharf anbraten. Salzen und auf einem Teller anrichten.

> Cashewnüsse auch in der Pfanne scharf anbraten und auf die Schlangenbohnen streuen.

> Kohl waschen und klein schneiden. Dattelsüße oder Rohrohrzucker in der noch heißen Pfanne zum Schmelzen bringen. Dann den Kohl damit vermischen. Neben den Schlangenbohnen anrichten.

> Mit schwarzem Sesam dekorieren.

SOBA
MIT BABYMAIS, BROKKOLI UND KOKOS-TAMARI-SAUCE

ZUTATEN
für 2 Portionen

1 Pkg. Soba (Buchweizen-
nudeln)
2 Babymaisschoten
1 Handvoll Brokkolirosen
1 EL Kokosöl
1 frische Chilischote

2 EL Kokosmilch
3 EL Tamari

3 EL Sesamöl
1 TL schwarzer Sesam
1 EL Cashewnüsse
Korianderblätter

> Soba-Nudeln (siehe auch Tipp Seite 50) auf mittlerer Hitze köcheln lassen, bis sie weich sind.

> Inzwischen Babymaisschoten und Brokkoli waschen, in kleine Stücke schneiden und in einer Pfanne im Kokosöl scharf anbraten.

> Kochwasser von den fertigen Nudeln abgießen. Diese in der Pfanne mit dem Gemüse vermischen.

> Chilischote mit einem Messer von den Kernen befreien (wer es nicht ganz so scharf mag), klein schneiden oder ganz lassen und in die Pfanne dazugeben.

> Mit Kokosmilch und Tamari gut vermischen und die Temperatur reduzieren (Kochplatte abdrehen).

> Mit Sesamöl beträufeln und mit schwarzem Sesam, Cashewnüssen und evtl. Korianderblättern dekorieren.

MEIN TIPP

Sojasauce wird aus Weizen hergestellt, ist also glutenhaltig. Wer es lieber glutenfrei mag oder unter einer Glutenunverträglichkeit leidet, kann daher **Tamari** als Alternative verwenden (schmeckt wie Sojasauce).

REISBLÄTTER

MIT VEGGIE-FÜLLUNG UND CASHEW-CHUTNEY

ZUTATEN
für 2 Portionen

2 Karotten
1 Zucchini
½ Rotkraut
1 EL Kokosöl
1 Pkg. Tofu
1 TL Dattelsirup, Dattelsüße oder Rohrohrzucker

CHUTNEY
2 EL Cashewmus
2 EL Crema Bianca
1 EL Tamari (siehe Tipp Seite 83)
1 EL Kokosmilch

1 Pkg. große Reisblätter
1 TL schwarzer Sesam

> Karotten schälen. Zucchini und Rotkraut waschen. Alles in kleine Streifen schneiden und in einer Schüssel beiseitestellen.

> Tofu in kleine Streifen oder kleine Würfel schneiden.

> Kokosöl in einer Pfanne erhitzen und Tofu darin gold-braun braten. Anschließend die Temperatur zurückdrehen und Tofu im Dattelsirup schwenken oder mit Dattelsüße bzw. Rohrohrzucker karamellisieren.

> **CHUTNEY:** Alle Zutaten im Blender pürieren.

> Topf mit heißem Wasser aufstellen (es reicht heißes Leitungswasser, muss nicht unbedingt gekocht werden) und ein Reisblatt darin für ca. 1 Minute weich werden lassen. Dann herausnehmen und in den Händen abtropfen lassen.

> Auf einen Teller legen, mit dem Gemüse und dem Tofu befüllen. Mit schwarzem Sesam bestreuen und gemein-sam mit dem Chutney servieren.

Süsskartoffel-Buchweizennudeln

mit Kohl und Champignons

ZUTATEN
für 2 Portionen

1 Pkg. Süßkartoffel-Buchweizennudeln
1 EL Olivenöl
2–3 Champignons
1 Handvoll Asiasalat
1 großes Kohlblatt
5–7 schwarze Oliven

DRESSING
1 EL Mandelpüree
1 EL Crema Bianca
1 EL frischer Zitronensaft

1 TL Basenkräuter
1 TL Mandelsplitter

> In einem Topf Wasser zum Kochen bringen und das Olivenöl hinzugeben, damit die Nudeln nicht zusammenkleben. Nudeln darin weich kochen. Anschließend kalt abschrecken, gut abtropfen und in eine Schüssel geben.

> Champignons, Salat und Kohlblatt waschen. Champignons schneiden. Alle Zutaten schön in einer Schüssel anrichten.

> **DRESSING:** Alle Zutaten im Blender pürieren und über den Salat geben.

> Zuletzt mit den Basenkräutern und Mandelsplittern dekorieren.

Süsskartoffel-Buchweizennudeln

mit scharfer Thai-Sauce und Pak Choi

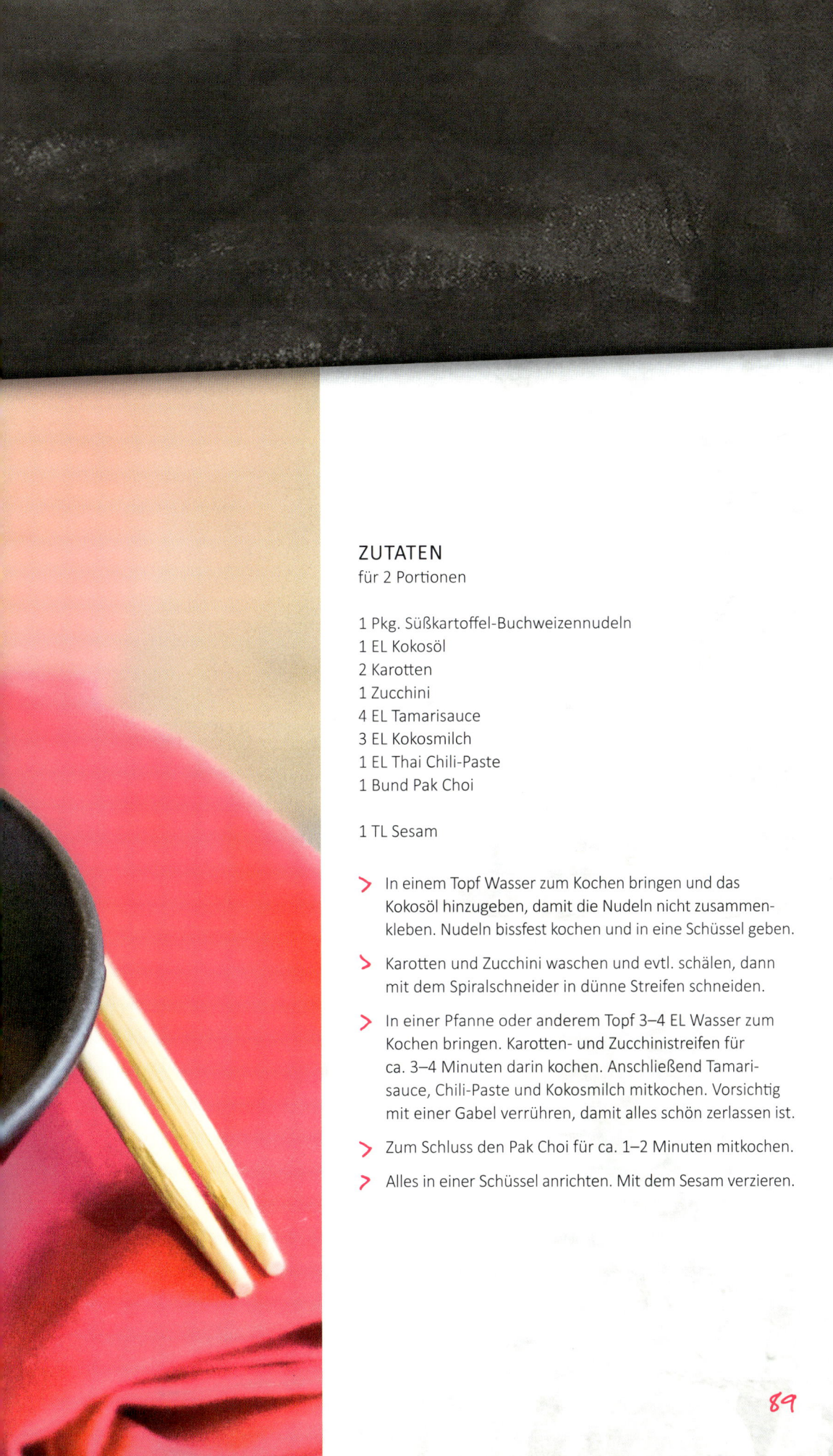

ZUTATEN
für 2 Portionen

1 Pkg. Süßkartoffel-Buchweizennudeln
1 EL Kokosöl
2 Karotten
1 Zucchini
4 EL Tamarisauce
3 EL Kokosmilch
1 EL Thai Chili-Paste
1 Bund Pak Choi

1 TL Sesam

> In einem Topf Wasser zum Kochen bringen und das Kokosöl hinzugeben, damit die Nudeln nicht zusammenkleben. Nudeln bissfest kochen und in eine Schüssel geben.

> Karotten und Zucchini waschen und evtl. schälen, dann mit dem Spiralschneider in dünne Streifen schneiden.

> In einer Pfanne oder anderem Topf 3–4 EL Wasser zum Kochen bringen. Karotten- und Zucchinistreifen für ca. 3–4 Minuten darin kochen. Anschließend Tamarisauce, Chili-Paste und Kokosmilch mitkochen. Vorsichtig mit einer Gabel verrühren, damit alles schön zerlassen ist.

> Zum Schluss den Pak Choi für ca. 1–2 Minuten mitkochen.

> Alles in einer Schüssel anrichten. Mit dem Sesam verzieren.

SCHWARZE QUINOA
MIT ERDNUSS-KOKOS-SAUCE UND KORIANDER

ZUTATEN
für 2 Portionen

200 g schwarze Quinoa	Salz, Pfeffer
½ weiße Zwiebel	1 TL Rohrohrzucker
etwas Kokosöl	125 ml Kokosmilch
einige Erdnüsse	evtl. Thai Curry-Paste
1 Zitrone	evtl. Reissirup
1 TL Erdnusscreme	
1 TL Kurkuma	frischer Koriander

> Quinoa bissfest kochen (siehe Tipp).

> SAUCE: Zwiebel schälen, würfeln und mit wenig Kokosöl in der Pfanne anbraten. Erdnüsse mit einem Mörser klein stampfen und zur Zwiebel in die Pfanne geben. Mit ein paar Tropfen Zitronensaft ablöschen und Kokosmilch dazugeben. Gut verrühren, Erdnusscreme hinzugeben und mit Kurkuma, Salz, Pfeffer und Rohrohrzucker würzen. Wer möchte, kann auch einen Teelöffel Thai Curry-Paste dazugeben und Reissirup zum Süßen verwenden.

> Sauce auf Quinoa anrichten, evtl. noch ein paar Tropfen Zitronensaft hinzufügen.

> Zuletzt Koriander als Deko oben draufsetzen.

MEIN TIPP

Quinoa gibt es in drei Farben: Weiß, Rot und Schwarz. Das Pseudogetreide gilt als eine der nährstoffreichsten pflanzlichen Proteinquellen. Man kocht es wie Reis, nach dem ersten Aufkochen ist es jedoch wichtig, die Bitterstoffe auszuschwemmen und mit frischem Wasser fertigzukochen (ca. 15 Minuten). Dann die Hitze abdrehen und zugedeckt aufquellen lassen.

Weisse-Quinoa-Dal

mit Linsen und Süsskartoffeln

ZUTATEN
für 2 Portionen

150 g weiße Quinoa	1 TL Currypulver (süß)
1 große Süßkartoffel	1 Prise Salz
150 g gelbe Linsen	½ TL Kardamom
1 weiße Zwiebel	½ TL Kreuzkümmel
etwas Olivenöl	½ TL Nelken (gemahlen)
2 EL Tomatenmark	
1 TL Kurkuma (Pulver)	frische Korianderblätter

> Quinoa weich kochen (siehe Tipp Seite 91). Süßkartoffel schälen, in Stücke schneiden und in Wasser weich kochen. Linsen ebenfalls separat in Wasser weich kochen. Anschließend alles abseihen.

> In einer Pfanne geschälte, klein geschnittene Zwiebel in Olivenöl scharf anbraten und mit einem Schuss Wasser ablöschen.

> Dann Quinoa, Linsen und Süßkartoffel dazugeben. Mit Tomatenmark und allen Gewürzen bei kleiner Hitze für 15 Minuten köcheln lassen.

> Vor dem Servieren mit den Korianderblättern verzieren.

LINSENDAL
MIT SÜSSKARTOFFELN, NATURREIS UND PAK CHOI

ZUTATEN
für 2 Portionen

200 g gelbe Linsen
200 g Naturreis
2 EL Kokosmilch
1 TL Currypulver
1 TL Kurkuma
1 Prise Pfeffer

3 Blätter Pak Choi
1 TL Kokosöl
frischer Koriander

> Linsen und Reis waschen und getrennt kochen, bis beides weich, aber bissfest ist.

> Linsen anschließend mit der Kokosmilch und den Gewürzen vermischen.

> Pak Choi waschen, in mundgerechte Streifen schneiden und in einer Pfanne in Kokosöl scharf anbraten.

> Kurz vor dem Anrichten den frischen Koriander auf die Linsen geben – als Deko und Geschmackseffekt.

CHILI SIN CARNE

MIT GUACAMOLE UND NACHOS
(MILD ODER SCHARF)

Mein Tipp

Besonders bei Sojaprodukten achte ich immer extra darauf, dass diese gentechnikfrei und bio sind!

ZUTATEN
für 2 Portionen

CHILI
1 Pkg. Sojaschnetzel
1 TL Kokosöl
½ rote Zwiebel
1 Glas Mais
1 Glas Kidneybohnen
3 EL Tomatenmark
Salz, Pfeffer
frischer Chili oder Chilipulver

GUACAMOLE
Avocado
wenig rote Zwiebel
½ Tomate
1 Limette (Saft)

Maischips

> **CHILI:** Sojaschnetzel in warmem Wasser ca. 15 Minuten quellen lassen.

> Kokosöl in der Pfanne erhitzen, Zwiebel schälen, klein schneiden und darin anbraten. Sojaschnetzel gut abtropfen und mit der Zwiebel goldbraun knackig braten.

> Kidneybohnen und Mais (gewaschen und gut abgetropft) ebenfalls dazugeben. Mit Tomatenmark und einem Schuss Wasser cremig rühren. Die Konsistenz kann nach Belieben variiert werden. Mit Salz, Pfeffer und frischem Chili (bzw. Chilipulver) würzen.

> **GUACAMOLE:** Avocado schälen, entkernen und mit den übrigen Zutaten zum Beispiel im Personal Blender zusammenmixen. Wer die Guacamole nicht zu cremig möchte, vermischt die Zutaten mit einer Gabel und gibt Tomaten und Zwiebel klein geschnitten dazu.

> Chili und Guacamole mit Maischips servieren.

Veggie-Bowl

ZUTATEN
für 1 Portion

4 EL gelbe Linsen
1 Süßkartoffel
1 Prise Salz
1 TL Kurkuma
3 EL Kokosmilch
1 Avocado
2 mittelgroße Champignons
2–3 Brokkolirosen
3–4 Kirschtomaten

1 Zucchini
etwas Rotkraut
1 Limette

DRESSING
1 EL Crema Bianca
2 EL Wasser

evtl. Sesam

> Linsen 30 Minuten in ½ Liter Wasser weich kochen.
> Dann abseihen.

> Süßkartoffel schälen und separat in einem Topf mit
> ½ Liter Wasser weich kochen. Das Wasser dann
> wegschütten.

> Süßkartoffel mit Salz, Kurkuma, Kokosmilch und den
> Linsen vermischen. Auskühlen lassen.

> Avocado schälen entkernen und schneiden. Die anderen
> Zutaten waschen, gut abtropfen lassen und in mundge-
> rechte Stücke schneiden.

> Alle Zutaten zusammen in einer Schüssel schön anrichten.

> DRESSING: Crema Bianca mit 2 EL Wasser mit einer
> Gabel cremig schlagen und über den Salat geben.

> Nach Belieben dekorieren, zum Beispiel mit Sesam.

Pizza

> Pizza Delicious

> Schwarze-Quinoa-Pizza
mit Rucola, getrockneten Tomaten und Oliven

> Rohkostpizza

> Buchweizen-Rohkostpizza
mit Basilikum und Champignons

Pizza Delicious

Mein Tipp

Bei der **Tomatensauce** bevorzuge ich die neutrale Variante, da für mich die Geschmacks-effekte der frischen Zutaten im Vordergrund stehen sollen. Natürlich können Sie das Tomaten-mark aber auch mit klein geschnittenen getrockneten Tomaten, Oliven, Tomatenstückchen, Basilikum usw. aufpeppen.

Als Alternative zum Buchweizenmehl können Sie auch **Weizenmehl** (Type 550 verwenden) – dann das Kartoffelmehl weglassen. Anstelle von Backpulver können Sie **Germ/Hefe** verwenden.

ZUTATEN
für 1 Person

PIZZABODEN
150 g helles Buchweizenmehl
100 g Kartoffelmehl
½ Pkg. Backpulver
½ TL Salz
1 EL Olivenöl
¼ l warmes Wasser

BELAG
2 EL Tomatenmark
1 EL Pizza „käse"
1 Handvoll Rucola
einige schwarze Oliven

> Backrohr auf 180 Grad vorheizen.

> Backpulver mit dem gesamten Mehl, Salz, Olivenöl und ca. ¼ Liter warmem Wasser vermischen, bis der Teig nicht mehr an den Fingern kleben bleibt. Auf einer bemehlten Unterlage dünn ausrollen und ins Backrohr geben. Bei 180 Grad ca. 15 Minuten aufbacken.

> Nach ca. 10 Minuten die Pizza kurz aus dem Ofen neh-men, mit Tomatenmark bestreichen und „Käse" darauf verteilen.

> Die fertige Pizza mit Rucola und Oliven belegen.

SCHWARZE-QUINOA-PIZZA

MIT RUCOLA, GETROCKNETEN TOMATEN UND OLIVEN

ZUTATEN
für 1 Portion

PIZZABODEN
250 g schwarze Quinoa
1 EL Guarkernmehl
½ TL Salz
1 EL Olivenöl

BELAG
2 EL Tomatenmark
2 EL Mandelpüree
1 Handvoll Rucola
3–5 getrocknete Tomaten
5 schwarze Oliven

> Quinoa für ca. 16 Stunden in Wasser einweichen (siehe auch Rezept Seite 91).

> Backrohr auf 180 Grad vorheizen.

> Quinoa gut abtropfen und mit Guarkernmehl, Salz und Olivenöl pürieren. Masse rund auf Backpapier am Backblech auftragen. Dann im vorgeheizten Backrohr bei ca. 180 Grad 15 Minuten backen.

> Pizzaboden herausnehmen und mit Tomatenmark bestreichen. Dann das Mandelpüree daraufgeben und Rucola darüberlegen.

> Mit getrockneten Tomaten und Oliven verzieren.

ROHKOSTPIZZA

ZUTATEN
für 2 Portionen

PIZZABODEN
ca. 250 g Buchweizen
1 EL gemahlene Flohsamen
½ TL Salz
1 EL Olivenöl

BELAG
4 EL Tomatenmark
3 EL Mandelmus
1 Handvoll Rucola
2 EL Olivenöl
ca. 10 schwarze Oliven
Kirschtomaten
1 EL Mandelsplitter

> Buchweizen in einer Schüssel 2 Tage in Wasser einweichen. Wasser ca. alle 10 Stunden wechseln und Buchweizen gut ausschwemmen, damit die Bitterstoffe ausgespült werden (siehe Rezept Seite 26).

> Nach 2 Tagen Buchweizen gut abtropfen und mit Flohsamen, Salz und Olivenöl im Blender pürieren.

> Masse mit einem Spatel ca. 1–2 Zentimeter dick auf der Dörrfolie verstreichen. Anschließend im Dörrgerät für ca. 6 Stunden bei 42 Grad trocknen lassen. Vorsichtig beim Abziehen des fertigen Pizzabodens, damit keine Risse oder Löcher entstehen.

> Pizzaboden auf einen großen Teller legen. Mit einem Messer vorsichtig mit Tomatenmark bestreichen. Danach das Mandelmus als „Käse" hinzufügen (evtl. vorsichtig auf dem Tomatenmark verstreichen).

> Rucola darüberstreuen, mit Olivenöl beträufeln oder als Deko glatte Linien ziehen. Mit den Oliven und Kirschtomaten verzieren.

> Mandelsplitter als „Parmesan" darüberstreuen.

BUCHWEIZEN-ROHKOSTPIZZA

MIT BASILIKUM UND CHAMPIGNONS

ZUTATEN
für 1 Portion

PIZZABODEN
ca. 200 g Buchweizen
1 EL Guarkernmehl
Salz, Pfeffer

BELAG
2 EL Tomatenmark
1 Handvoll Champignons
1 Handvoll frisches Basilikum
Kirschtomaten
1 Avocado
2 EL Olivenöl
1 TL Basenkräuter

> Buchweizen über Nacht für mind. 12 Stunden einweichen.

> Am nächsten Tag gut mit Wasser ausspülen, abtropfen lassen und im Mixer mit Salz, Pfeffer und Guarkernmehl pürieren.

> Masse mit Spatel auf Dörrfolie ca. 2 Zentimeter dick auftragen (rund). Im Dörrgerät für ca. 12 Stunden bei 42 Grad trocknen.

> Fertig getrockneten Pizzaboden mit Tomatenmark bestreichen.

> Mit klein geschnittenen Champignons, Basilikum und Kirschtomaten belegen.

> Avocado schälen, entkernen, in Streifen schneiden und auf der Pizza anrichten.

> Mit Basenkräutern verfeinern.

DESSERTS

> Früchtebowl

> Chocolate-Cheesecake
mit Seidentofu

> Erdbeertorte

> Rohkosttorte
mit Beerentopping

> Rohkosttorte
mit Pitahaya und Kakaonibs

> Tiramisu

> Rawmisu

> Bananen-Chia-Wrap
mit Beeren

> Erdbeerwrap
mit Bananen-Chia-Creme

> Mango-Energiebällchen
mit Kakaonibs

> Weiße Kokosbällchen

> Mousse au Chocolat

> Mandel-Chia-Pudding
mit gekeimtem Buchweizen und Früchten

> Mangosorbet
mit Minze

> Brombeer-Bananen-Eis

> Bananen-Cashew-Eis
mit Kakaonibs

> Stracciatellaeis

Früchtebowl

Roher Kakao ist wirklich eine Vitalstoffbombe. Er ist sehr reich an Magnesium und Antioxidantien, die die Zellen schützen, und verursacht durch die Endorphine, die in unserem Gehirn freigesetzt werden, Glücksgefühle. Durch die vielen wertvollen Inhaltsstoffe spendet Kakao viel Energie.

ZUTATEN
für 1 Portion

CREME
1 Banane
1 Avocado
1 EL roher Kakao

1 EL Granatapfelkerne
1 Kiwi
1 Mango
1 Banane
Kokosflocken
Chiasamen
Macapulver
Hanfsamen

> **CREME:** Banane schälen, Avocado schälen und entkernen. Mit Kakao im Blender mixen und in einer Schüssel anrichten.

> Kiwi und Banane schälen, Mango schälen und entkernen. Alles in mundgerechte Stücke schneiden.

> Anschließend Creme mit Früchten belegen und mit Superfoods verzieren.

CHOCOLATE-CHEESECAKE

MIT SEIDENTOFU

ZUTATEN
für ca. 6 Portionen

BODEN
5 Medjoul-Datteln
200 g Haselnüsse

CREME
250 g vegane Margarine
200 ml Sojasahne
1 Pkg. Seidentofu
3 EL roher Kakao

Erdbeeren

> **BODEN:** Datteln entkernen und mit Haselnüssen klein pürieren. Springform am Boden mit der Masse auslegen.

> **CREME:** Margarine bei geringer Hitze (unter 42 Grad) zerlassen. Dann vom Herd nehmen und mit Sojasahne, Seidentofu und rohem Kakao cremig pürieren.

> Kakaocreme auf den Tortenboden streichen. Über Nacht in den Kühlschrank geben.

> Am nächsten Tag mit gewaschenen und geschnittenen Erdbeeren belegen.

> Ein paar Erdbeeren im Mixer cremig pürieren und Cheesecake damit dekorieren.

ERDBEERTORTE

ZUTATEN
für 4 Portionen

BODEN
200 g geschälte Mandeln
5 Medjoul-Datteln

CREME & DEKO
400 g Cashewnüsse
2 Tassen Erdbeeren

> Cashewnüsse für ca. 5 Stunden in Wasser einweichen.

> **BODEN:** Datteln entkernen, mit Mandeln klein hacken
bzw. pürieren und auf einer Tortenform als Boden
anrichten.

> **CREME:** Erdbeeren waschen und von Blättern befreien.
Einige für die Deko beiseitelegen, die übrigen mit einge-
weichten Cashewnüssen cremig pürieren. Auf dem
Tortenboden anrichten.

> Torte über Nacht in den Kühlschrank stellen und am
nächsten Tag mit den restlichen Erdbeeren verzieren.

ROHKOSTTORTE
MIT BEERENTOPPING

ZUTATEN
für ca. 6 Portionen

BODEN
200 g Haselnüsse
4 Medjoul-Datteln

CREME & SCHOKOSAUCE
200 g Cashewnüsse
200 g Macadamianüsse
4 Bananen
1 EL roher Kakao
3 Medjoul-Datteln

200 g gemischte Beeren (1 Pkg.)

> **BODEN:** Datteln entkernen und mit den Haselnüssen im Mixer gut mixen, sodass eine glatte Konsistenz entsteht. Anschließend damit in einer Springform den Tortenboden formen.

> **HELLE CREME:** Cashew- und Macadamianüsse mit 2 Bananen zu einer Creme mixen.

> **SCHOKOSAUCE:** Kakao mit 2 Bananen und 3 entkernten Datteln cremig mixen.

> In der Springform mit heller Creme und Schokosauce Schichten bilden. Springform ins Gefrierfach geben, bis die Cremes fest geworden sind.

> Anschließend mit den Beeren verzieren.

ROHKOSTTORTE
MIT PITAHAYA UND KAKAONIBS

ZUTATEN
für ca. 10 Tortenstücke

BODEN
200 g geschälte
Mandeln
1 EL Kakaobutter
3 EL Rosinen oder
5 Medjoul-Datteln

DEKO
1 EL Kakaonibs
1 EL essbare
Rosenblätter

CREMES
400 g Cashewnüsse
3 EL Kokosöl oder
Kakaobutter
⅛ l Kokosmilch
1 Vanilleschote
½ Pitahaya
3 EL Brombeeren

> Mandeln und Cashewnüsse getrennt ca. 4 Stunden in Wasser einweichen.

> **BODEN:** Kakaobutter bei geringer Temperatur (unter 42 Grad) zerlassen, anschließend mit Mandeln und Rosinen bzw. entkernten Datteln im Blender klein hacken. Masse gleichmäßig in einer Tortenform verteilen.

> **CREMES:** Cashewnüsse, Kokosöl oder Kakaobutter mit Kokosmilch und dem Mark der Vanilleschote (eine Messerspitze) im Blender cremig pürieren. Pitahaya schälen bzw. auslöffeln und mit gewaschenen Brombeeren extra pürieren.

> Cashewcreme (siehe auch Tipp Seite 22) und Pitahaya-Brombeer-Creme in Schichten auf dem Tortenboden verteilen.

> Torte für ca. 5 Stunden in den Kühlschrank stellen.

> Vor dem Verzehr mit Kakaonibs und Rosenblättern verzieren.

Tiramisu

ZUTATEN
für 6 Portionen

2 große Tassen Espresso
125 g vegane Margarine
250 g Seidentofu
¼ l Orangensaft
4 EL Dattelsüße
200 ml Sojasahne
½ Pkg. Dinkelzwieback (vegan)

1 EL Kakaopulver

> Espresso zubereiten und kalt stellen.

> Margarine auf kleiner Flamme zerlassen. Dann mit Seidentofu, Orangensaft, Sojasahne und Dattelsüße mit einem Pürierstab cremig pürieren.

> Espresso in eine Schüssel geben, Zwieback kurz eintauchen und als Boden in eine Backspringform legen. Creme als nächste Schicht darüberstreichen, dann wieder Zwieback. So bis zu drei Schichten fortfahren.

> Tiramisu am besten über Nacht in den Kühlschrank stellen.

> Vor dem Servieren mit Kakao bestreuen.

RAWMISU

ZUTATEN
für 4 Portionen

ca. 500 g Cashewnüsse
5 Medjoul-Datteln
2 EL Mandelpüree auf Rohkostbasis

1 EL roher Kakao

> Cashewnüsse ca. für 5 Stunden in Wasser einweichen.

> Medjoul-Datteln entkernen, mit ein bisschen Wasser im Blender pürieren und in einer runden Backform am Boden ca. 2 Zentimeter dick auftragen.

> Cashewnüsse im Blender mit Mandelpüree pürieren. Masse auf den Dattelboden in der Backform streichen, bis oben hin füllen.

> Rawmisu für ca. 5 Stunden in den Kühlschrank stellen.

> Vor dem Servieren mit rohem Kakao bestreuen.

BANANEN-CHIA-WRAP

MIT BEEREN

RAW

ZUTATEN
für 1–2 Portionen

3 Bananen
¼ l Wasser
1 EL Chiasamen

Beeren nach Saison und Belieben

> Zwei Bananen mit ca. ¼ Liter Wasser cremig pürieren. Chiasamen darin über Nacht im Kühlschrank einweichen (mind. 3 Stunden Einweichzeit). Die Chiasamen gehen mit der Zeit auf und binden die Flüssigkeit. Die Creme erhält eine gelartige Konsistenz.

> Creme mit einem Spatel auf Dörrfolie ca. 1 Zentimeter dick auftragen. Ca. 6 Stunden im Dörrgerät trocknen lassen. Die Bananencreme sollte ganz getrocknet, aber noch weich und formbar sein (siehe auch Tipp Seite 73).

> Wrap von Folie abziehen. Vorsicht, dass keine Löcher entstehen!

> Dritte Banane schneiden. Wrap mit gewaschenen Beeren und Banane füllen.

Mein Tipp

Chiasamen sind gesund und haben einen sehr hohen Anteil an Omega-3- und Omega-6-Fettsäuren. In Wasser eingeweicht, eignen sie sich ideal als Bindemittel für Rohkostwraps oder auch für Fruchtpuddings, wenn Sie sie zum Beispiel mit einer pürierten Banane oder Erdbeeren über Nacht im Kühlschrank einweichen.

Mein Rezept für **Bananen-Rohkost-Wraps** ist vielseitig einsetzbar. Diese können mit verschiedenen Frucht- oder Schokocremen (siehe Rezept Seite 26) sowie unterschiedlichen Früchten gefüllt oder mit Superfoods bestreut werden.

ERDBEERWRAP

MIT BANANEN-CHIA-CREME

MEIN TIPP

Im Herbst und Winter verwende ich statt frischen Erdbeeren auch tiefgekühlte (1 Pkg.).

ZUTATEN
für 2 Portionen

CREME
2 Bananen
2 EL Chiasamen

WRAP
2 Bananen
200 g Erdbeeren

1 Tasse Heidelbeeren
1 EL Kokosflocken oder Kakao

> **CREME:** 2 Bananen pürieren, Chiasamen einrühren und über Nacht im Kühlschrank aufquellen lassen.

> **WRAP:** Erdbeeren mit 2 Bananen pürieren. Masse mit einem Spatel auf Dörrfolie streichen und für ca. 8 Stunden bei 42 Grad ins Dörrgerät geben (siehe auch Tipp Seite 73). Wrap erst von der Folie abziehen, wenn nichts mehr kleben bleibt.

> Wrap mit der Bananen-Chia-Creme füllen und mit Heidelbeeren anrichten. Zuletzt mit Kokosflocken oder Kakao bestreuen.

MANGO-ENERGIEBÄLLCHEN
MIT KAKAONIBS

ZUTATEN
für 2 Portionen

1 Mango
1 Tasse geschälte Mandeln
1 EL Kokosstreusel
1 EL Cashewmus
3 EL Mandelmilch
2 Medjoul-Datteln
1 EL Flohsamen
1 EL Chiasamen
1 Messerspitze Vanillepulver
1 EL Kakaonibs

> Mango schälen und Kern entfernen.

> Mango mit allen Zutaten außer den Kaokaonibs cremig pürieren (oder klein hacken, je nach Küchenmaschine). Zuletzt die Kakaonibs einkneten.

> Mit nassen Händen Kugeln formen, auf Tablett oder Teller anrichten.

> Für mind. 3 Stunden in den Kühlschrank stellen, dann kalt servieren.

WEISSE KOKOSBÄLLCHEN

ZUTATEN
für 2 Portionen

1 große Kaffeetasse geschälte Mandeln
2 EL Kakaobutter
2 EL Kokosöl
2 EL Kokosmus
2 EL Kokosstreusel

> Mandeln für 3 Stunden in Wasser einweichen.

> Kakaobutter mit Kokosöl und Kokosmus bei niedriger Temperatur zerlassen.

> Mandeln pürieren und mit der Kokosmasse vermischen.

> Mit nassen Händen Kugeln formen. Im Kühlschrank kalt stellen.

> Nach einer Stunde die Kokoskugeln mit Kokosstreuseln bestreuen oder darin rollen, um alles gut zu verteilen. Dann weiter im Kühlschrank für ca. 1–2 Stunden fest werden lassen.

MOUSSE AU CHOCOLAT

ZUTATEN
für 1 Portion

1 Banane
1 Avocado
1 EL roher Kakao
1 EL Beeren
Kokosflocken

> Banane schälen, Avocado schälen und entkernen. Beides gemeinsam mit dem rohen Kakao im Mixer mixen.

> In einer Schüssel oder einem Glas anrichten, evtl. kühl stellen.

> Mit Beeren und Kokosflocken verzieren.

Mein Tipp

Tolle Effekte erhalten Sie, wenn Sie vorab einige Bananenscheiben im Glas drapieren (siehe Foto).

MANDEL-CHIA-PUDDING

MIT GEKEIMTEM BUCHWEIZEN UND FRÜCHTEN

ZUTATEN
für 1 Portion

2 EL Chiasamen
⅛ l Mandelmilch
2 EL Buchweizen
1 Banane
1 EL roher Kakao

Heidelbeeren
1 Mango
1 Kiwi
Granatapfelkerne

> Chiasamen gleich im Glas mit Mandelmilch über Nacht quellen lassen.

> Ebenso Buchweizen in Wasser mind. 12 Stunden einweichen.

> Am nächsten Tag Banane schälen und mit dem rohen Kakao cremig pürieren.

> Buchweizen gut ausschwemmen, abtropfen und mit der Kakaocreme vermischen. Anschließend auf die feste Chiamasse streichen. Vorher evtl. Kiwischeiben im Glas drapieren.

> Heidelbeeren waschen. Mango schälen, entkernen und in mundgerechte Stücke schneiden.

> Pudding mit Früchten und Granatapfelkernen verzieren.

RAW MANGOSORBET MIT MINZE

ZUTATEN
für 1 Portion

1 Mango
ein paar Blätter Minze

> Mango schälen und entkernen. Über Nacht ins Eisfach legen.
> Am nächsten Tag pürieren und mit Minzblättern dekorieren.

BROMBEER-BANANEN-EIS

ZUTATEN
für 1 Portion

2 Bananen
¼ l Mandel-, Reis-, Haselnuss-,
Kokos- oder Sojamilch
2 EL Brombeeren

> Bananen schälen und über Nacht ins Eisfach legen.
> Am nächsten Tag mit Milch und Brombeeren cremig pürieren.

RAW BANANEN-CASHEW-EIS MIT KAKAONIBS

ZUTATEN
für 1 Portion

1 Handvoll Cashewnüsse
2 Bananen
1 EL Kakaonibs

> Cashewnüsse ca. 5 Std in Wasser einweichen.
> Bananen schälen und über Nacht ins Eisfach legen.
> Am nächsten Tag mit eingeweichten Cashewnüssen und Kakaonibs pürieren.

MEIN TIPP

Achten Sie beim Pürieren darauf, dass zwar eine feine Eiscreme entsteht,
die Kakaonibs aber knackig bleiben.

STRACCIATELLAEIS

ZUTATEN
für 1 Portion

2 Bananen
¼ l Mandel-, Reis-, Haselnuss-,
Kokos- oder Sojamilch
1 EL Kakaonibs

> Bananen schälen und über Nacht ins
Eisfach legen.

> Am nächsten Tag mit Milch und Kakaonibs
cremig pürieren.

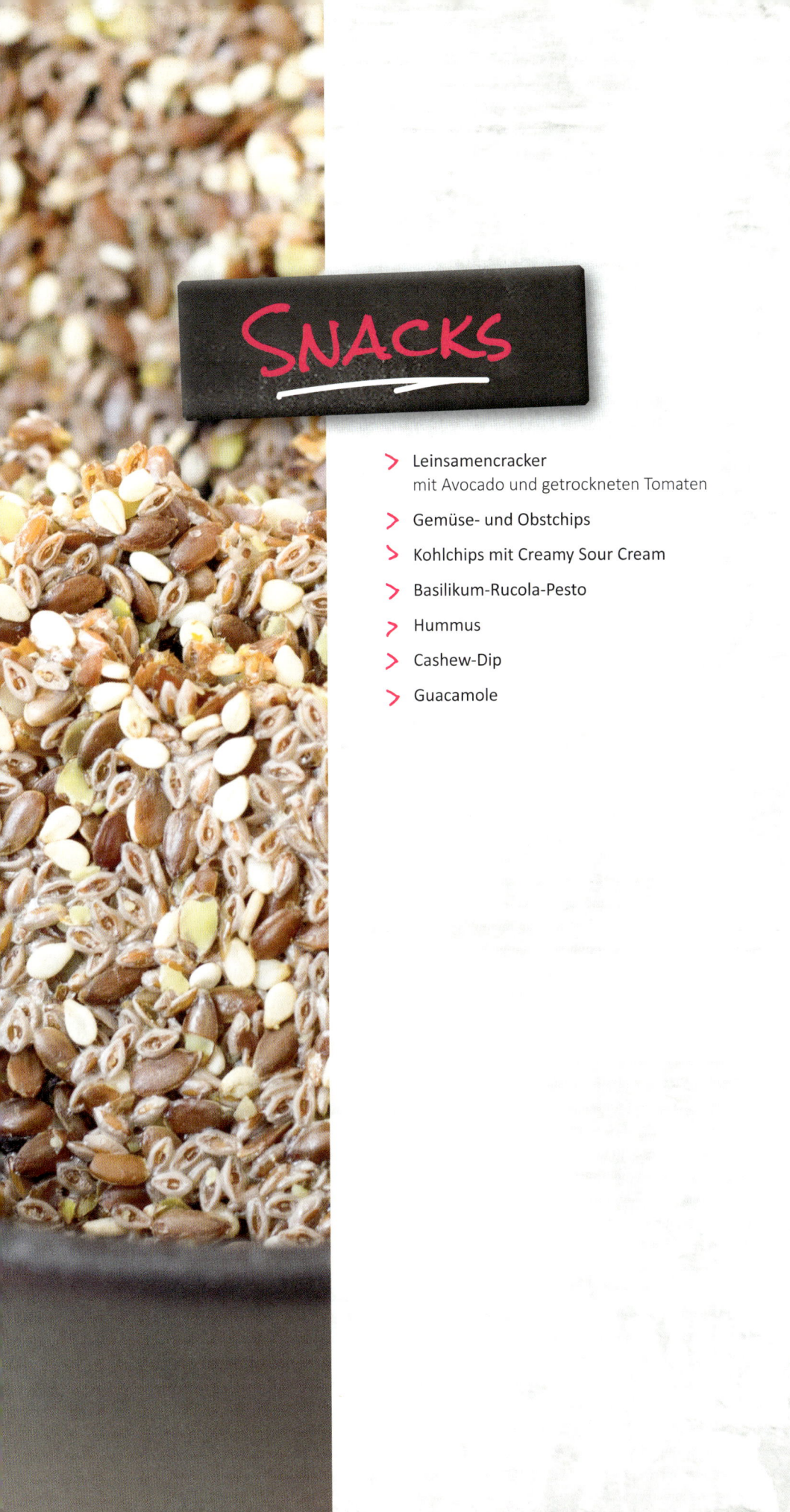

SNACKS

> Leinsamencracker
> mit Avocado und getrockneten Tomaten

> Gemüse- und Obstchips

> Kohlchips mit Creamy Sour Cream

> Basilikum-Rucola-Pesto

> Hummus

> Cashew-Dip

> Guacamole

LEINSAMENCRACKER

MIT AVOCADO UND GETROCKNETEN TOMATEN

ZUTATEN
für 2 Portionen

5–7 schwarze entkernte Oliven
2 getrocknete Tomaten
1 EL Olivenöl
1 EL Basenkräuter
100 g Leinsamen
100 g Flohsamenschalen
1 EL weißer Sesam

1 Avocado

> Zwei Oliven beiseitelegen, die übrigen klein schneiden. Getrocknete Tomaten ebenfalls klein schneiden.

> Geschnittene Oliven, Tomaten, Olivenöl, Basenkräuter und Samen in einer Schüssel mit 3–4 Esslöffeln Wasser vermischen.

> Masse mit einem Spatel auf Dörrfolie ca. 1 Zentimeter dick auftragen. Für 10–12 Stunden bei 42 Grad im Dörrgerät trocknen.

> Am nächsten Tag Avocado schälen, entkernen und in Streifen schneiden. Restliche Oliven ebenfalls klein schneiden. Cracker mit Avocadostreifen und Oliven belegen.

GEMÜSE- UND OBSTCHIPS

Gemüse- und Obstchips eignen sich ideal als Snack für Zwischendurch. Für die Zubereitung gibt es verschiedene Varianten.

> **DÖRRGERÄT** (siehe Seite 154): Dörrgut einlegen und dörren lassen (siehe auch Bedienungsanleitung bzw. Rezept rechts).

> **GARTEN ODER BALKON:** Obst oder Gemüse draußen auf einer Unterlage zum Trocknen auflegen.

> In der **WOHNUNG** legen Sie Obst und Gemüse in der kälteren Jahreszeit auf die Heizung.

> Dörren können Sie natürlich auch im Backrohr! Einfach zwischen Backrohr und Ofentür einen Löffel oder ein Messer einklemmen und die Tür so einen Spalt offen lassen. Bei 42 Grad dann ein paar Stunden (je nach Speise) trocknen lassen.

Dieses Obst und Gemüse eignet sich – in dünne Scheiben geschnitten – besonders für Dörrobst/-gemüse: Apfel, Banane, Ananas, Zucchini, Rote Rübe, Karotte, Kohl u. a. Mir schmecken Kohlchips besonders gut (siehe nächstes Rezept und Foto)!

KOHLCHIPS
MIT CREAMY
SOUR CREAM

ZUTATEN
für 2 Portionen

Kohl

CREAMY SOUR CREAM
1 EL Cashewmus
1 TL Crema Bianca oder naturtrüber Apfelessig
2 EL frischer Zitronensaft

> **KOHLCHIPS:** Kohlblätter waschen und in mundgerechte Stücke schneiden.

> Im Dörrgerät bei 42 Grad mind. 7 Stunden trocknen lassen.

> **CREAMY SOUR CREAM:** Cashewmus mit Crema Bianca oder naturtrübem Apfelessig (ist süßer als reiner) und frischem Zitronensaft vermischen.

> Creme auf den Kohlchips verteilen und zusammen trocknen lassen.

Dips & Co.

Basilikum-Rucola-Pesto

ZUTATEN
für 2 Portionen

frisches Basilikum
1 Handvoll frischer Rucola
getrocknete Tomaten
Olivenöl
1 Prise Salz
1 Spritzer Zitronensaft

> Alle Zutaten zusammen mixen.

Hummus

ZUTATEN
für 2 Portionen

100 g Kichererbsen	2 EL Olivenöl
3 EL Tahini	½ Zwiebel
(Sesampaste)	evtl. etwas
Zitronensaft	Kreuzkümmel
2 Knoblauchzehen	4 schwarze Oliven

> Kichererbsen über Nacht in Wasser einlegen.

> Am nächsten Tag Kichererbsen kochen, bis sie weich sind. Dann kalt abschrecken und mit dem Pürierstab pürieren oder in den Mixer geben.

> Tahini, Zitronensaft, Knoblauch, Olivenöl, Zwiebel und evtl. Kreuzkümmel dazumixen.

> Zum Schluss klein geschnittene Oliven untermischen.

MEIN TIPP

Cashewnüsse haben einen hohen Anteil an Magnesium. Wenn Sie Nüsse nicht gut vertragen, können Sie diese vor dem Verzehr ein paar Stunden in Wasser einweichen und dann trocknen lassen. Dadurch werden die Hemmstoffe weggespült, die Nüsse sind dann bekömmlicher.

CASHEW-DIP

ZUTATEN
für 2 Portionen

Cashewnüsse
1 Medjoul-Dattel
1 EL Mandelpüree
1 Zitrone

> Cashewnüsse zuvor für ca. 3 Stunden in Wasser einweichen, damit die Konsistenz cremiger wird.

> Dattel entkernen, Zitrone auspressen, Cashewnüsse abtropfen. Alle Zutaten mixen.

GUACAMOLE

ZUTATEN
für 2 Portionen

1 Avocado
1 Limette
1 rote Zwiebel
2–3 Kirschtomaten oder 1 große Tomate
Salz, Pfeffer
ca. 1 TL Olivenöl

> Avocado schälen und entkernen. Zwiebel schälen, Tomaten waschen.

> Alles zusammen mixen oder ganz klein hacken.

MEIN TIPP

Für Guacamole gibt es unterschiedliche Rezept-varianten (siehe auch Rezepte Seite 72 und 97).

Smoothies & Drinks

> Mojito
> (alkoholfrei)

> Piña Colada
> (alkoholfrei)

> Papaya-Green-Mango-Smoothie
> mit Superfood

> Löwenzahnsmoothie

> Beerensmoothie

> Green Smoothies

> Weizengras selbst anbauen

Mojito

Alkoholfrei

ZUTATEN
für 1 Glas

¼ l prickelndes
Mineralwasser
2 Limetten

frische Minze
1 TL Rohrohrzucker
Eiswürfel

> Limetten schälen und entkernen.

> Minze, Limetten und Rohrohrzucker mit einem Stößel in einem Glas zerstampfen.

> Mit Mineralwasser aufgießen. Dann die Eiswürfel dazugeben.

Mein Tipp
Im Sommer ein sehr erfrischender Drink!

Piña Colada

Alkoholfrei

ZUTATEN
für 2 Gläser

1 Ananas
¼ l Kokosmilch
evtl. 1 Medjoul-Dattel oder Dattelsirup
Crushed Ice

> Alles zusammen mixen. Wer es süßer mag, gibt eine entkernte Dattel oder Dattelsirup dazu.

> Mit Eis servieren.

DELICIOUS SMOOTHIES

RAW PAPAYA-GREEN-MANGO-SMOOTHIE
MIT SUPERFOOD

ZUTATEN
für 1 Glas

1 Papaya
1 Mango
etwas Blattspinat
1 Messerspitze Macapulver

> Papaya und Mango schälen und entkernen.

> Alle Zutaten zusammen mixen und frisch trinken!

RAW LÖWENZAHNSMOOTHIE

ZUTATEN
für 1 Glas

1 Handvoll Löwenzahnblätter (saisonabhängig)
1 Banane
2 EL Mango-Apfel-Püree
1 EL Weizengraspulver

> Löwenzahnblätter waschen, Banane schälen.

> Alle Zutaten zusammen mixen und frisch trinken.

MEIN TIPP

Smoothies mit Banane (oder Shakes aus anderen Früchten wie z. B. Beeren) schmecken auch sehr gut mit Mandel-, Reis-, Kokos-, Hafer- oder Sojamilch gemixt. Wichtig: Drehen Sie immer die Verpackung um, um nachzusehen, ob auch keine chemischen Zusatzstoffe enthalten sind.

BEERENSMOOTHIE RAW

ZUTATEN
für 1 Glas

1 Banane
1 Handvoll Heidelbeeren
1 Messerspitze Macapulver

> Banane schälen, Heidelbeeren waschen.

> Alles zusammen mixen, fertig!

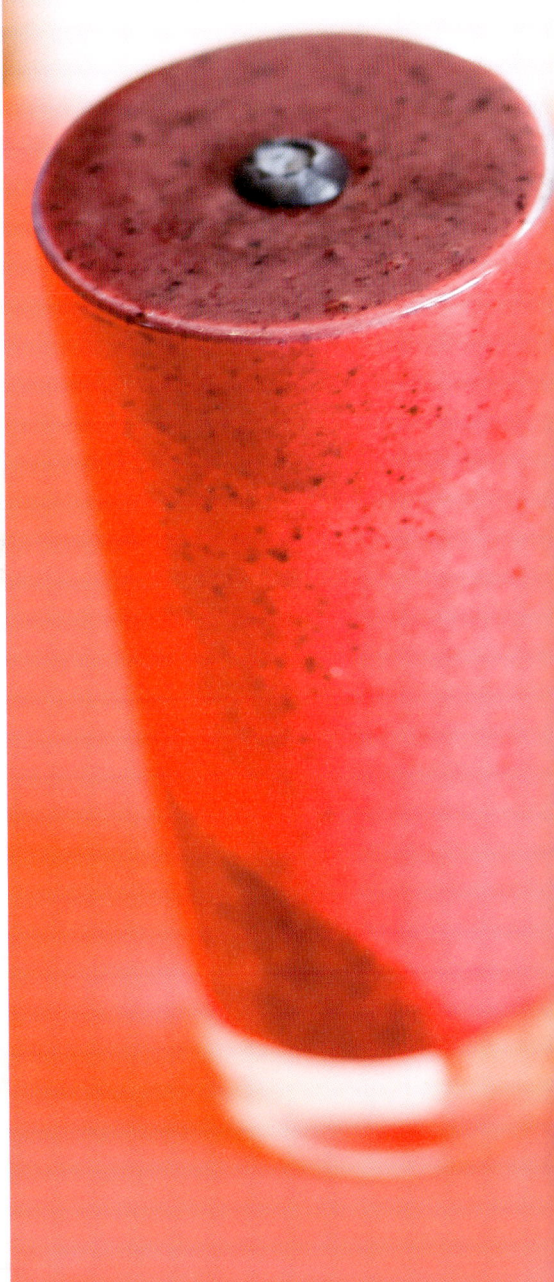

GREEN SMOOTHIES

> Viele mixen selbst angebautes Weizengras zusammen mit Früchten im Mixer. Da das Gras aber auch sehr harte Fasern hat, empfehle ich einen speziellen Entsafter für Weizengras (siehe Seite 154). Weizengras je nach Beschreibung entsaften.

> Pur, verdünnt mit Wasser oder als Smoothie mit Früchten genießen.

Für Smoothies können mit dem Weizengras folgende Zutaten gemixt werden:

> **SPROSSEN:** Gerste, Weizen, Dinkel, Roggen, Hafer, Mais, Reis, Buchweizen, Leinsamen, Senf ...

> **FRISCHE KRÄUTER & WILDKRÄUTER:** Basilikum, Brennnessel, Borretsch, Dille, Fenchelkraut, Hanf, Kamille, Koriander, Löwenzahn, Malve, Majoran, Minze, Oregano, Pfefferminze, Petersilie, Rosmarin, Salbei, Schnittlauch, Thymian, Zitronenmelisse ...

> **OBST:** Apfel, Ananas, Banane, Beeren, Birne, Granatapfel, Grapefruit, Kiwi, Litschi, Mango, Melone, Nektarine, Pfirsich, Orange, Papaya, Trauben, Zwetschke ...

> **SALATE & GEMÜSE:** diverse grüne Blattsalate, Kohl (auch Chinakohl), Blätter von Rüben, Kohlrabi, Karotten, Radieschen, Mangold, Spinat, Rucola, Kresse ...

MEIN TIPP

In Weizen- oder Gerstengras, Salaten, Kräutern etc. steckt jede Menge **Chlorophyll**. Dieses ist reich an Vital- und Nährstoffen wie sekundären Pflanzenstoffen, Aminosäuren, Antioxidantien, Mineralstoffen wie Kalzium, Magnesium, Zink, Folsäure u. v. m.

Weizengras selbst anbauen

> Weichen Sie ca. 50 g Weizensamen mit der doppelten Menge Wasser über Nacht (ca. 12 Stunden) im Keimglas ein.

> Danach die Samen im Keimglas mit Wasser 2–3 Mal gut durchspülen und das Wasser ausschütten. Wenn kein Wasser mehr abrinnt, das Keimglas umdrehen und über Nacht stehen und keimen lassen. Am nächsten Tag den Vorgang wiederholen!

> Am dritten Tag sehen Sie schon die ersten Sprösslinge heranwachsen. Das ist ein guter Zeitpunkt, um diese in die Erde zu geben.

> Befüllen Sie die Hälfte des Blumentopfes mit Erde. Samen mit der Erde mischen und mit einer ca. 1 Zentimeter dicken Erdschicht bedecken.

> Feuchten Sie Erde und heranwachsendes Gras regelmäßig mit einer Spritzflasche an. Es ist wichtig, dass die Blumentöpfe tagsüber immer unter Licht stehen – entweder mithilfe einer Lampe oder im Sonnenlicht (Balkon oder Garten). Nach etwa 10 Tagen hat das Weizengras eine Höhe von ca. 15 Zentimetern erreicht.

> Wenn das Gras mindestens 15 Zentimeter hoch ist, wird es mit einer Schere ca. 3 Zentimeter über der Erde abgeschnitten. Jetzt kann das Gras zum Entsaften verwendet werden.

Mein Tipp

Bioerde ist meistens mit Hornmehl oder Hornspänen vermischt. Es ist nicht einfach, Bioerde ohne Hornmehl zu finden. Ich entscheide mich deshalb für eine Blumenerde ohne Torf mit mineralischem Dünger und verwende mehrere kleine Blumentöpfe, einen pro Weizengrassaft, da die Erde schnell schimmelt, wenn man sie nicht nach einer Woche auswechselt. Ich finde es auch appetitlicher und handlicher als einen großen Blumentopf.

ANHANG

MEINE INSPIRATION, MEINE KREATIVE KÜCHE, MEIN LOKAL

100 % VEGAN | 100 % GLUTENFREI | 100 % BIO

Besondere Geschmackseffekte entstehen durch kreative Ideen, die ich dann in Speisen umwandle und in meinem veganen **Bistro Delicious am Wiener Naschmarkt** anbiete. Zahlreiche dieser köstlichen Gerichte können Sie mit diesem Buch nun selbst unkompliziert nachkochen.

Ich liebe es, in meinem Bistro die **Gäste mit exklusiven veganen Köstlichkeiten zu verzaubern** – kombiniert mit Rohkost und Superfoods, also „gesunde und intelligente Ernährung, die sehr lecker schmeckt". Alle Zutaten, die ich verwende, sind hochwertig und sorgfältig ausgewählt. Ich möchte reine Nahrung (Clean Food) anbieten – ohne E-Zusatzstoffe, Glutamat, Ascorbinsäure usw. Selbstverständlich stelle ich alle Gerichte vor Ort und frisch her und biete auch selbst gemachte Kuchen oder Torten (auch auf Bestellung) an.

Ich freue mich, Sie in meinem veganen Bistro persönlich kennenzulernen. Täglich kommen viele verschiedene Gäste zu mir, um meine kreativen Köstlichkeiten durchzukosten, darunter viele Stammgäste, die in der Gegend arbeiten, wohnen oder auch von weit her extra zum Essen kommen. Ihnen geht es (leider) nicht unbedingt immer um vegane, aber dafür vor allem um gesunde und reine Ernährung. Ich liebe es, wenn es meinen Gästen schmeckt, sie sich wohlfühlen und motiviert ihren Lebensstil ändern oder beibehalten wollen.

DELICIOUS

Linke Wienzeile 22
1060 Wien
WWW.DELICIOUS.OR.AT

153

MEINE EMPFEHLUNGEN

ANBIETER VON LEBENSMITTELN FÜR DIE VEGANE KÜCHE (BEISPIELE)

Apfelmus mit Mango: *Alnatura*

Backpulver: *Biovegan*

Basenkräuter: *Sonnentor*

Buchweizen: *Rapunzel, Davert, Alnatura*

Cashewcreme/-mus: *Rapunzel, Alnatura*

Chilipulver: *Sonnentor*

Crema Bianca: *LaSelva*

Currypulver: *Sonnentor*

Dattelsüße: *Rapunzel*

Erdnusscreme: *Rapunzel*

Haferflocken (glutenfrei): *Bauckhof*

Kakao: *Naturata*

Kichererbsen im Glas: *Dennree*

Kidneybohnen: *Alnatura*

Kokosmus: *Dr. Goerg*

Kokosöl/-mus/-streusel: *Dr. Goerg*

Mais: *Alnatura*

Mandelmus (weiß): *Rapunzel*

Mandelpüree (in Rohkostqualität): *Soyana*

Mango-Apfel-Püree: *Alnatura*

Margarine (vegan): *Alsan*

Miso-Fertigmischung: *Ruschin* (mit Algen u. Tofu)

No-Egg-Pulver: *Orgran*

Pizza „käse": *Veggi Filata*

Reisnudeln: *Arche*

braune Reisnudeln mit Wakame: *Terrasana*

schwarze Quinoa: *Davert*

Seidentofu: *Taifun*

Soba/Buchweizennudeln: *Arche*

Sojajoghurt: *Sojade*

Sojasahne: „CreSoy" von *Natumi*

Sojaschnetzel: *Alnatura, Rapunzel*

Süßkartoffel-Buchweizennudeln: *Terrasana*

Thai Chili-/Curry-Paste: *Arche*

KÜCHENGERÄTE (BEISPIELE)

Zum Mixen von Smoothies sowie für Cremes, Dressings oder kleinere Mengen verwende ich einen Personal Blender (zum Beispiel *Vitamix* von *Keimling*). Man kann sich natürlich auch einen leistungsstärkeren Mixer zulegen.

Für das Entsaften von Weizengras eignet sich zum Beispiel der *Wheatgrass Juicer* von *Lexen*.

Zum Dörren (für gedörrte Früchte, Wraps, Brötchen etc.) verwende ich das Dörrgerät *Excalibur Mini* von *Keimling* (siehe auch Seite 137).

Zusätzlich habe ich eine Küchenmaschine von *Kenwood*, die auch Nüsse klein hacken oder mahlen kann (zum Beispiel für Rohkosttorten-Böden).

Ein Pürierstab, um Suppen etc. zu pürieren, ist für manche Rezepte ebenfalls notwendig.

DOKUMENTARFILME

Alle Filme sind auf DVD von diversen Anbietern erhältlich.

Blackfish (2013, blackfishmovie.com)

Cowspiracy. The Sustainability Secret (2014, www.cowspiracy.com)

Die Bucht (2009, Orig. *The Cove*, www.thecovemovie.com)

Earthlings (2005, www.earthlings.com)

Food, Inc. (2008, www.takepart.com/foodinc)

Gabel statt Skalpell. Gesünder leben ohne Fleisch (2011, Orig. *Forks over Knives*, www.forksoverknives.com)

Home (2009, www.home-2009.de)

Plastic Planet (2009, www.plasticplanet-derfilm.at)

We Feed the World. Essen global (2005, www.we-feed-the-world.at)

Viele weitere Informationen und Links finden Sie auf meiner Website:

WWW.DELICIOUS.OR.AT

REZEPTE IM ÜBERBLICK

FRÜHSTÜCK

Buchweizenbrötchen mit Cashewcreme und Erdbeeren	22
Essenerbrot	24
Buchweizenbowl mit Schokocreme, Früchten und Superfoods	26
Warme Haferflockenbowl mit getrockneten Früchten und Mandelmilch	28
Frischer Fruchtsalat mit Superfoods, Nüssen und einem Smoothie	30

SALATE

Schwarze Belugalinsen mit Rotkraut, Orange und Nüssen	34
Greens mit Erdbeeren, Himbeeren, Mango und Kokosdressing	36
Buchweizenbowl	38
Kichererbsensalat mit getrockneten Tomaten und Basenkräutern	40
Schwarze-Quinoa-Salat mit Mango, Avocado und Mandeldressing	42
Cesar Salad mit karamellisiertem Tofu und Oliven	44
Wildreissalat mit Avocado und Feige	46
Salatbowl mit braunen Reisnudeln, Wakame, Rotkraut, Avocado und Rucola	48
Soba-Salat mit Granatapfel, Avocado und Cashews	50
Schwarze Reisnudel-Salat-Bowl mit Rotkraut und Avocado	52
Algensalat	54

SUPPEN

Gemüsesuppe	58
Misosuppe mit Shiitakepilzen und Pak Choi	60
Rote-Rüben-Kartoffelsuppe mit Kokosmilch	62
Süßkartoffelsuppe mit Koriander	64
Maronisuppe mit Kartoffeln und Reismilch	66
Kichererbsensuppe mit Mandelmilch	67

HAUPTGERICHTE

Zucchinispaghetti	70
Gemüsewrap mit Zucchinispaghetti und Guacamole	72
Rote-Rüben-Falafeln mit Süßkartoffelpüree	74
Rote-Rüben-Spaghetti mit Rucola und Mandeln	76
Kelpnudeln mit Rohkostpesto	77
Konjaknudeln mit Blattspinat-Cashew-Sauce und Koriander	78
Gebratene Schlangenbohnen mit gerösteten Cashews	80
Soba mit Babymais, Brokkoli und Kokos-Tamari-Sauce	82
Reisblätter mit Veggie-Füllung und Cashew-Chutney	84
Süßkartoffel-Buchweizennudeln mit Kohl und Champignons	86
Süßkartoffel-Buchweizennudeln mit scharfer Thai-Sauce und Pak Choi	88
Schwarze Quinoa mit Erdnuss-Kokos-Sauce und Koriander	90
Weiße-Quinoa-Dal mit Linsen und Süßkartoffeln	92
Linsendal mit Süßkartoffeln, Naturreis und Pak Choi	94
Chili sin Carne mit Guacamole und Nachos (mild oder scharf)	96
Veggie-Bowl	98

Pizza

Pizza Delicious	102
Schwarze-Quinoa-Pizza mit Rucola, getrockneten Tomaten und Oliven	104
Rohkostpizza	106
Buchweizen-Rohkostpizza mit Basilikum und Champignons	108

Desserts

Früchtebowl	112
Chocolate-Cheesecake mit Seidentofu	114
Erdbeertorte	116
Rohkosttorte mit Beerentopping	118
Rohkosttorte mit Pitahaya und Kakaonibs	119
Tiramisu	120
Rawmisu	121
Bananen-Chia-Wrap mit Beeren	122
Erdbeerwrap mit Bananen-Chia-Creme	124
Mango-Energiebällchen mit Kakaonibs	126
Weiße Kokosbällchen	127
Mousse au Chocolat	128
Mandel-Chia-Pudding mit gekeimtem Buchweizen und Früchten	130
Mangosorbet mit Minze	132
Brombeer-Bananen-Eis	132
Bananen-Cashew-Eis mit Kakaonibs	132
Stracciatellaeis	133

Snacks

Leinsamencracker mit Avocado und getrockneten Tomaten	136
Gemüse- und Obstchips	138
Kohlchips mit Creamy Sour Cream	139
Basilikum-Rucola-Pesto	140
Hummus	140
Cashew-Dip	141
Guacamole	141

Drinks & Smoothies

Mojito (alkoholfrei)	144
Piña Colada (alkoholfrei)	148
Papaya-Green-Mango-Smoothie mit Superfood	146
Löwenzahnsmoothie	146
Beerensmoothie	147
Green Smoothies	148
Weizengras selbst anbauen	149

„VEGAN", „CLEAN EATING" UND „FREE FROM" –
DIESE BEGRIFFE SIND IN ALLER MUNDE.

- ALLES FÜR DIE ABWECHSLUNGSREICHE KÜCHE FÜR VEGANE, GLUTENFREIE, LAKTOSEFREIE ODER FRUCTOSEFREIE SPEZIALITÄTEN

- REFORMSTARK MARTIN BIETET AUCH EIN GUT SORTIERTES SORTIMENT AN VEGANER KOSMETIK UND NAHRUNGSERGÄNZUNG

- U.V.M.

DAS REFORMSTARK
MARTIN TEAM
FREUT SICH AUF
IHREN BESUCH !

Österreichisches
Familien-Unternehmen
38 x in Ihrer Nähe
www.reformstark.at
www.reformmarkt.com

300 Rezepte aus der Gemüseküche

Duftende Tomaten und Paprika, erdfrische Knollen und Wurzeln, pralle Krautköpfe und knackig-grüne Salate – Kraft- und Vitaminbomben, die zum Reinbeißen und Genießen einladen. Die Spitzenköche Andrea Grossmann, Michael Kolm und Johann Pabst zeigen, wie man mit den Schätzen der Erde in der Küche richtig umgeht und was man aus ihnen zaubern kann. Der Fantasie sind dabei keine Grenzen gesetzt!

GEMÜSE
Das Kochbuch

Andrea Grossmann | Michael Kolm | Johann Pabst
Fotografiert von Michael Rathmayer

ISBN 978-3-85431-699-2
320 Seiten, 19,0 x 24,5 cm
€ 34,99

BILDNACHWEIS

Martin Siebenbrunner: S. 6 (Marktfoto M. Lukes), 122/123 (Wrap), 124/125.
iStockphoto.com: S. 15 OlgaLIS (Avocado), Diana Taliun (Chia), Natikka (Chili), AnnaBreit (Datteln);
16 Quasarphoto (Hanfsamen), Oliver Hoffmann (Heidelbeeren), Kaan Ates (Ingwer), Diana Taliun
(Kakao), draconus (Macadamia); 17 Viktar (Papaya), zhongyanjiang (Kelpalge), Suljo (Stevia);
24 o. id-art; 77 sasimoto; 118 Elenathewise; 122/123 Robert Ingelhart (Chia); 126 ALEAIMAGE; 147
Oliver Hoffmann (Heidelbeeren); 150/151 Annalleysh; diverse Schmuckelemente.
fotolia.com: S. 14 Jiri Hera.
Martina Lukes: Alle übrigen Fotos

HINWEIS: Alle Rezepte wurden sorgfältig erstellt, alle Angaben dennoch ohne Gewähr.
Die Informationen entsprechen der persönlichen Meinung der Autorin und nicht
zwangsläufig jener des Verlags. Für Inhalte abgedruckter Links sind ausschließlich die
Betreiber der jeweiligen Internetseiten verantwortlich.

ISBN 978-3-99011-076-8

Wien · Graz · Klagenfurt
© 2016 by Edition Styria in der Verlagsgruppe Styria GmbH & Co KG
Alle Rechte vorbehalten.

Bücher aus der Verlagsgruppe Styria gibt es in jeder Buchhandlung und im Online-Shop

Coverfotos: Martina Lukes
Buch- und Covergestaltung: Florian Zwickl

Druck und Bindung: Druckerei Theiss GmbH, St. Stefan im Lavanttal

7 6 5 4 3 2 1

Printed in Austria